Hannah Arendt und Carl Schmitt

Europäische Hochschulschriften
Publications Universitaires Européennes
European University Studies

Reihe XXXI
Politikwissenschaft

Série XXXI Series XXXI
Sciences politiques
Political Science

Bd./Vol. 573

PETER LANG
Frankfurt am Main · Berlin · Bern · Bruxelles · New York · Oxford · Wien

Philipp zum Kolk

Hannah Arendt und Carl Schmitt

Ausnahme und Normalität – Staat und Politik

PETER LANG
Internationaler Verlag der Wissenschaften

Bibliografische Information der Deutschen Nationalbibliothek
Die Deutsche Nationalbibliothek verzeichnet diese Publikation in der Deutschen Nationalbibliografie; detaillierte bibliografische Daten sind im Internet über <http://www.d-nb.de> abrufbar.

Die Arbeit wurde von
Prof. Dr. Harald Bluhm
zur Veröffentlichung empfohlen.

ISSN 0721-3654
ISBN 978-3-631-59232-8

www.peterlang.de

Meinen Eltern

Inhalt

1. Einleitung

Hannah Arendt und Carl Schmitt, zwei unterschiedlichere Denker des 20. Jahrhunderts lassen sich kaum finden. Der eine gilt als „Kronjurist des Dritten Reiches", die andere wurde als Jüdin verfolgt. Zu Recht wurden beide oft als entgegengesetzte Pole der politischen Wissenschaft beschrieben.[1] Trotzdem, oder gerade deswegen, lohnt sich eine Gegenüberstellung der unterschiedlichen politischen Konzepte.

Arendts politisches Denken war geprägt von dem Schock über die Nachrichten aus den Konzentrationslagern. Die nationalsozialistische Machtergreifung nahm sie als einen absoluten Bruch mit der Tradition Europas und der westlichen Kultur wahr, aus deren Scheitern sie ihr unorthodoxes politisches Denken entwickelte.

Als eine Staatenlose floh Hannah Arendt in die Vereinigten Staaten von Amerika. Hier fand sie nicht nur Zuflucht, sondern auch eine politische Heimat, und so nahm sie Amerika, anders als andere intellektuelle Emigranten, ganz bewusst und politisch wahr. Die Amerikanische Revolution sollte ihr Verständnis der Politik im gleichen Maße beeinflussen, wie dies der Totalitarismus im negativen Sinne getan hatte. Vor diesem Hintergrund betrachtete sie, zum Teil sehr kritisch, die Gegenwart der Vereinigten Staaten.

Hannah Arendt entwickelt, so die These dieser Arbeit, ein Verständnis von Politik, das unabhängig vom Staat ist. Nachgewiesen werden soll dies anhand ihres Politikverständnisses, der Kritik der politischen Wissenschaft ihrer Zeit, ihren Überlegungen zum Totalitarismus und zur Amerikanischen und Ungarischen Revolution. Immer dann, wenn Arendt sich mit der Frage beschäftigt, was den Kern der Politik ausmacht und was diese vom Staat unterscheidet, beschäftigt sie sich mit Situationen, die die Normalität zu durchbrechen scheinen. Das ist sowohl in ihrer Arbeit

---

1 Vgl.: Dubiel: Ungewißheit und Politik; Herberg-Rothe: Hannah Arendt und Carl Schmitt, in: Der Staat 1/2004, S. 35ff.; Lahrem/Weißbach: Grenzen des Politischen.

zum Totalitarismus und in ihren Überlegungen zur Rolle der Revolutionen der Fall, als auch dann, wenn sie die Politik- und Sozialwissenschaft kritisiert. Es soll daher weiterhin untersucht werden, inwieweit Arendt sich mit Ausnahmesituationen in der Politik beschäftigt.

„Die Ausnahme ist interessanter als der Normalfall",[2] schrieb Carl Schmitt in seiner *Politischen Theologie*. Diese Annahme scheint Arendt mit Schmitt zu teilen. Auch versucht Schmitt einen Begriff des Politischen zu entwickeln, der unabhängig von dem des Staates ist. Ob die Gemeinsamkeiten der beiden politischen Denker darüber hinausgehen, soll im Laufe der Arbeit immer wieder diskutiert werden. Zwar ging Arendt an mehreren Stellen ihres Werkes auf Carl Schmitt ein, er hingegen schien sie weitgehendst ignoriert zu haben.[3] Arendts Bewertung des umstrittenen Theoretikers ist durchaus ausgeglichen. So lobte sie seine Schrift *Politische Romantik* als „das beste Werk über diesen Gegenstand",[4] an einer anderen Stelle kritisierte sie hingegen sein Bemühen, „es den Nazis recht zu machen".[5]

An verschiedenen Stellen dieser Arbeit wird Carl Schmitts Verständnis der Politik dem Hannah Arendts mit dem Ziel entgegengehalten, Arendts unorthodoxes Denken deutlicher hervorheben zu können. Eine Vollständigkeit beanspruchende Analyse von Schmitts Positionen und Begriffen soll daher nicht entwickelt werden. Es sollen vielmehr zielgerichtet am Ende eines jeden Kapitels charakteristische Punkte der bearbeiteten Fragestellung durch den Vergleich mit Schmitt deutlicher hervorgehoben werden. Insbesondere sollen die bereits bei Arendt vorhandenen Verweise auf Schmitt aufgegriffen und weiterverfolgt werden.[6]

---

2 Schmitt: Politische Theologie, S. 21.

3 Lediglich in der Einleitung zu seinem Text „Nomos - Nahme - Name" zitiert er kurz aus Arendts Buch „The Burden of our Time", ohne allerdings genauer auf sie einzugehen. Vgl.: Schmitt, Carl: Nomos - Nahme - Name, S. 573.

4 Arendt: Elemente und Ursprünge, S. 369.

5 Ebd., S. 724.

6 Sowohl in Arendts Beschäftigung mit der Entstaatlichung im Totalitarismus, als auch in ihren Überlegungen zum Verhältnis zwischen Politik und

Im ersten Abschnitt der Arbeit werden Arendts kritische Positionen zu der an der Normalität orientierten Wissenschaft der 50er und 60er Jahre dargestellt. Gegen eine empirische Sozialwissenschaft und eine von ihr als etatistisch kritisierte professionelle Politikwissenschaft, denen es hauptsächlich um das Verwalten und Regieren geht, entwickelte sie ihr „thinking without bannister".[7] Es sollen die Inhalte ihres exzentrisch erscheinenden politischen Denkens herausgearbeitet werden.[8]

Im zweiten Abschnitt wird der Frage nachgegangen, ob Hannah Arendt die totale Herrschaft als einen Ausnahmezustand begriffen hat. Anhand der charakteristischen Momente der Massenbewegung, der Ideologie und des Terrors soll dargestellt werden, dass der Totalitarismus mit jeder politischen Tradition brach. Insbesondere soll das Moment der Entstaatlichung in der totalen Herrschaft aufgegriffen und mit Carl Schmitts Positionen zum Staat verglichen werden.

Der letzte Abschnitt befasst sich mit Arendts Überlegungen zur Amerikanischen und Ungarischen Revolution. Revolutionen stellen für Arendt Brüche und Neuanfänge dar. Ihr Verständnis der Revolution als eine Ausnahme von der politischen Normalität soll Carl Schmitts Begriff der Ausnahme entgegengestellt werden. Gefragt werden soll, inwieweit sich Schmitts und Arendts Verständnis von Ausnahme treffen.

Die drei Abschnitte sind weitgehend unabhängig voneinander, da sie nicht inhaltlich zwingend oder von der historischen Werkentwicklung her aufeinander aufbauen. Ihr gemeinsamer Bezugspunkt ist allerdings Arendts Verständnis von Politik. In allen dreien wird der Frage nachgegangen, was für Arendt Politik ausmacht und in wieweit sie diese unabhängig vom Staat begreift.

Souveränität verweist sie auf Schmitt. Vgl. hierzu: Kapitel 3.6. „Entstaatlichung bei Carl Schmitt" & Kapitel 4.10. „Schmitts Demokratie als Gegensatz zu Arendts Republikanismus".

7 Vgl.: Bluhm: Handeln und Verantwortung, S. 2; Sontheimer: Hannah Arendt, S. 118.

8 Vgl.: Canovan: Hannah Arendt, S. 2: Ihr Denken „seemed so exentric in the academic world of the 1950s."

Ein zweiter gemeinsamer Bezugspunkt ist die Frage, ob Arendt Politik eher von der Ausnahme oder der Normalität her begreift. Weiterhin wird in allen drei Kapiteln Arendts politisches Denken mit Schmitts Positionen und Begriffen verglichen.

2. Hannah Arendt und die Politikwissenschaft

Anhand des Verhältnisses zwischen Hannah Arendt und der Politikwissenschaft, soll im Folgenden deutlich gemacht werden, dass Arendt eine Auffassung von Politik entwickelte, die sich weder am Staat orientierte, noch Interesse an einer an der Normalität orientierten politischen Verwaltung hatte.

Arendt war in der politischen Wissenschaft eine selbstgewählte Außenseiterin. Sie hat zeitlebens gegen die politische Wissenschaft angeschrieben und wurde daher oft als „Philosophin" bezeichnet. Gegen die Etikettierung als Philosophin hat sie sich allerdings gewehrt.[9] Obwohl Arendt oft in die Philosophie oder die Politikwissenschaft eingeordnet wurde, scheint die Bezeichnung „politisches Denken" am treffendsten, wenn man versucht ihre Auseinandersetzungen mit dem was sie unter Politik versteht zu benennen.

Ihre Kritik an der politischen Philosophie reicht von Plato bis Marx.[10] In dieser ja weit über 2000jährigen Geschichte, so ihre Kritik, wurde die Politik immer an der Philosophie gemessen. Karl Marx, der wohl wie kein anderer das Gesicht der Moderne prägen sollte, hat, so Arendt, die Politik unter eine höherwertige Wahrheit gestellt. Marx, der alle Politik in einen materialistisch-dialektischen Geschichtslauf einordnete, habe damit der in der Politik wohnenden Pluralität implizit den Kampf angesagt. Im Namen der Wahrheit, so laute das Credo der politischen Philosophie. Dieses hat zur „Degradierung der Politik von der Philosophie her, wie wir sie seit Plato und Aristoteles kennen"[11] geführt.

Arendt bezieht sich auf Walter Benjamin, der gegen einen einstimmigen, dialektisch einsichtigen Prozess der Geschichte in

---

9 „Ich gehöre nicht in den Kreis der Philosophen. Mein Beruf - wenn man überhaupt davon sprechen kann - ist politische Theorie. Ich fühle mich keineswegs als Philosophin." Arendt in: Gaus: Interview mit Arendt, in: Bittermann: Eingriffe, S. 7.

10 Vgl.: Hansen: Hannah Arendt, S. 14.

11 Arendt: Was ist Politik?, S. 59; vgl.: Magiera: Die Wiedergewinnung des Politischen, S. 353.

seinen „geschichtsphilosophischen Thesen" das Bild eines „Engels der Geschichte" wählt, der nicht nach vorn in die Zukunft gewendet dialektisch fortschreitet, sondern „das Antlitz der Vergangenheit zugewendet" hat. „Wo eine Kette von Begebenheiten vor *uns* erscheint da sieht *er* eine einzige Katastrophe, die unablässig Trümmer auf Trümmer häuft und sie ihm vor die Füße schleudert. Er möchte wohl verweilen, die Toten wecken und das Zerschlagene zusammenfügen. Aber ein Sturm weht vom Paradiese her und treibt ihn unaufhaltsam in die Zukunft, der er den Rücken kehrt, während der Trümmerhaufen vor ihm zum Himmel wächst. Das was wir den Fortschritt nennen, ist *dieser* Sturm." [12]

Auch der Utilitarismus wird von Arendt in diesen Zusammenhang gestellt, wenn sie bemängelt, dass dieser zu dem allgemein geteilten Verständnis geführt hat, dass Politik eine Zweck-Mittel-Kategorie sei. Der Maßstab der Ökonomie sei so in die Politik eingedrungen, ein Tatbestand, der, wie sich noch zeigen wird, von großer Bedeutung für Arendt ist. Eine solche, am Nutzen orientierte, Vorstellung zerstört nach Arendt das, was das Politische ausmacht. Daher liegt bereits dem Totaliarismusbuch implizit ein nicht-utilitaristischer Handlungsbegriff zugrunde, der später in *Vita Activa* und *Über die Revolution* entfaltet wird.[13]

Ihr außerhalb der Philosophie und Wissenschaft stehendes politisches Denken verwehrt sich gegen wissenschaftliche Normierungen. Ganz bewusst begreift sie Politik nicht als ein mögliches, positivistisch zu untersuchendes Objekt. Eine solche naturwissenschaftliche Methode kann, so Arendt, nicht auf die Politik angewendet werden, da Politik immer aus der Pluralität handelnder Menschen entsteht und eine Kategorisierung ausschließt. Sie lehnt das „Phantasma einer ‚Wissenschaft von der Politik'"[14],

---

12 Arendt: Benjamin, Brecht, S. 20f.; Benjamin selber war wiederum von Carl Schmitt stark beeindruckt, vgl.: Bolz: Auszug aus der entzauberten Welt, S. 85ff.

13 Bluhm: Arendt und das Problem der Kreativität politischen Handelns, in: Ders./Gebhardt (Hrsg.): Konzepte politischen Handelns, S. 73.

14 d'Arcais: Libertärer Existententialismus, S. 6.

wie auch „die Scholastik der ‚Sozialwissenschaften'",[15] also den Gedanken alles wissenschaftlich erfassen zu können, ab. „Die Behauptung, es gäbe eine Wissenschaft von der Politik, kann sich ebenso wie die Geschichtsphilosophie nur auf den Trümmern des Willens durchsetzen, nur dann, wenn man die Möglichkeit der freien Entscheidung verwirft."[16]

Im Zusammenhang mit ihren Überlegungen zur amerikanischen Vietnam-Politik und der Rolle der Lüge, die diese Politik bestimmte, positionierte sich Arendt zur amerikanischen Politikwissenschaft der 50er und 60er Jahre. Mitte 1964 fällte Robert S. McNamara, damaliger US-Verteidigungsminister, die Entscheidung einen Bericht verfassen zu lassen, der die amerikanische Rolle in Indochina untersuchen sollte. Eineinhalb Jahre später war die Arbeit, die siebenundvierzig Bände umfasste, fertig gestellt. Sie deckte auf, dass die amerikanische Innen- und Außenpolitik beinahe eines ganzen Jahrzehntes von Lügen und Täuschungen geprägt war. Im Zuge dieser Enthüllungen machte sich Arendt Gedanken über die Rolle der Politikwissenschaft.

Zwei Arten von politischen Wissenschaftlern schienen sich nach Arendt herausgebildet zu haben, die sie die „Public-Relations-Manager" und die „berufsmäßigen Problemlöser" nannte. Beide waren für sie Vertreter einer neuen, herrschaftszentrierten und etatistisch ausgerichteten Politikwissenschaft. Die „Public-Relations-Manager", seien bei den Werbeexperten in die Schule gegangen und würden, wie diese den Hunger einer Konsumgesellschaft auf Waren stillen, Politik als Ware betrachten, die es dem Volk anzupreisen gilt. Die Wissenschaftlichkeit ihrer Propagandalügen potenziere die Manipulierbarkeit der Politik um ein Vielfaches. In diesen Kreislauf aus Lüge und Imagepflege war für Arendt die Politikwissenschaft tief verstrickt. Die „jüngste Generation von Intellektuellen (hat) an den Universitäten gelernt (...), daß die Politik zur einen Hälfte aus

---

15 Ebd., S. 6.

16 Ebd., S. 119.

‚Image-Pflege' und zur anderen Hälfte aus der gezielten Werbung für dieses ‚Image' besteht".[17]
Der zweite Typ des Politikwissenschaftlers, der „berufsmäßige Problemlöser", steht für Arendt geistig und moralisch auf einem höheren Niveau, komme aber im täglichen Leben seltener vor. Sie kritisiert, dass die Regierung diese Experten direkt aus den Universitäten und den verschiedenen „Denkfabriken" angeheuert hat, damit sie „mit Spieltheorien und Systemanalysen sich daranmachten, die ‚Probleme' der Außenpolitik zu lösen."[18] Diese Technokraten waren völlig unkritisch und konnten daher jahrelang das Spiel aus Lügen und Betrug mitspielen. Besonders erschreckend sei an diesem Typ Wissenschaftler die absolut „unsentimentale Rationalität"[19] gewesen, die alles als „Gefühlsduselei" abtat, was nicht ihrem rationalen Anspruch genügte.
Besonders kritisiert Arendt die Verliebtheit dieser Experten in scheinbar naturwissenschaftliche Theorien der Politik. Mit diesen sollten Gesetze aufgestellt werden, die politische und geschichtliche Tatsachen voraussagen. Die „Problemlöser" waren „eifrig auf der Suche nach Formeln",[20] die sie durch „pseudo-mathematische Sprache"[21] als streng wissenschaftlich verkauften. Wie Physiker wollten sie die Gesellschaft als Naturphänomen deuten. Das gefährliche an einem solchen Verständnis der Politik ist für Arendt vor allem die Tatsache, dass der Naturwissenschaftler es mit Dingen zu tun hat, die nicht der Mensch geschaffen hat, der Politikwissenschaftler hingegen menschliche Angelegenheiten betrachtet. Sie folgert daraus, dass wenn das Handeln der Menschen dem natürlichen Gesetz als gleich gegenüber gestellt wird, die Voraussetzungen der Politik und damit der Freiheit untergraben werden.
Arendt glaubte, dass die politische Wissenschaft, die im Auftrag der Bürokratie arbeitete, den Bezug zur Wirklichkeit verloren hatte. Sie

17 Arendt: Die Lüge in der Politik, S. 326.
18 Ebd., S. 327.
19 Ebd., S. 328.
20 Ebd., S. 328.
21 Ebd., S. 328.

war für sie „weltlos“ geworden, da sie in einem eigenen Gewirr aus Betrug und Selbstbetrug lebte, welches sich durch ein irrationales Vertrauen in die Berechenbarkeit der Wirklichkeit auszeichnete.

Die Eliminierung des Zufälligen und die Neigung zur Vorbestimmung menschlichen Verhaltens in der Politikwissenschaft, hat für Arendt ihren Ursprung in der Geschichtstheorie Hegels: „,Die philosophische Betrachtung hat keine andere Absicht, als das Zufällige zu entfernen.' (Hegel) Vieles in dem modernen Arsenal politischer Theorien entspringt dieser tiefsitzenden Abneigung (gegen das Zufällige): die Spieltheorien und Systemanalysen, die für ein imaginäres ‚Publikum' geschriebenen Szenarien und die sorgfältige Aufzählung von gewöhnlich drei ‚Möglichkeiten', nämlich A, B und C, wobei A und C extreme Gegensätze bedeuten, B aber die mittlere ‚logische' Lösung des Problems.“[22] Die konformistische politische Theorie folge vorzugsweise diesem logischen Schlüsseziehen. Dadurch, dass immer nur eine „logische“ Möglichkeit offen stehe, wird nach Arendt der Zweck verfolgt, die Vielzahl der Möglichkeiten menschlichen Handelns zu verdecken. Um im politischen Bereich diese Verfahrensweise tatsächlich durchsetzen zu können, müsste man alle anderen Möglichkeiten eliminieren, „wie bei dem Mörder, der *sagt,* Frau Schmitt sei gestorben, und der dann hingeht und sie umbringt.“[23]

Arendt kritisiert also die damals herrschende Politikwissenschaft als etatistisch und unkritisch. Eine am Staat orientierte oder gar in dessen Dienst stehende Wissenschaft kommt für sie daher nicht in Frage. Auch für eine empirische an der Normalität orientierte und auf die Erstellung mathematisch korrekter Vorhersagen spezialisierte Forschung hat sie wenig übrig.

Als Hannah Arendt Amerika auf der Flucht vor den Nationalsozialisten erreichte, brachte sie etwas mit, was die politische Wissenschaftslandschaft der Neuen Welt nicht kannte; ein zutiefst europäisches, an der Philosophie geschultes, dennoch neues und innovatives Verständnis der Politik. Die in Amerika etablierte

---

22 Ebd., S. 329.

23 Ebd., S. 329.

Politikwissenschaft empfing die europäischen Neuankömmlinge durchaus mit Misstrauen.[24] Mit ihrem, aus dem genuin politischen Handeln hergeleiteten Verständnis der Politik, nimmt sie noch einmal eine besondere Stellung innerhalb der für die Amerikaner neuen Art der politischen Wissenschaft ein. „Denken ohne Geländer" nannte Arendt diese recht eigen anmutende Art, die im folgenden Kapitel näher betrachtet werden soll.

2.1. Was ist für Arendt Politik?

Um diese Frage beantworten zu können, werden zunächst die Eckpunkte von Arendts politischem Denken, die sie mit den Begriffen Freiheit, Öffentlichkeit und Handeln umschreibt, dargestellt. Erörtert werden soll hierbei, ob Arendt Politik unabhängig vom Staat versteht.

„Der Sinn von Politik ist Freiheit."[25] Freiheit und Politik stehen für Arendt in einem sich gegenseitig bedingenden Verhältnis. Nur im Bereich der Politik könne so etwas wie Freiheit existieren und umgekehrt: In einem unfreien totalitären System, darauf weist sie nachdrücklich hin, wird Politik zerstört. Deutlich wird hier, dass Arendt sowohl in der Politik als auch der Freiheit einen in sich selbst liegenden Zweck ausmacht. Ausgehend von diesem Gedanken entwickelt sie anhand der Begriffe der Pluralität, der Öffentlichkeit und des Handelns das, was den Bereich des Politischen und der Freiheit ausmacht.

Der wohl charakteristischste Zug von Arendts Verständnis der Politik ist das Bemühen die Politik vom Bereich des Staates zu trennen. Nicht mit Begriffen wie Verwaltung und Herrschaft, sondern ausgehend von geradezu auffällig unscharf erscheinenden Begriffen wie Handeln, Freiheit, Öffentlichkeit, entwickelt sie ihr Verständnis von Politik. Arendt bemüht sich nicht, wie sich im Folgenden zeigt, solche Unschärfen zu vermeiden. Dies ist der

---

24 Vgl. hierzu: Gunnell: The Descent of Political Theory.

25 Arendt: Was ist Politik?, S. 28.

Grund, warum die Unterscheidung zwischen Öffentlichkeit und Privatheit in der Antike auch für sie eine axiomatische Bedeutung gewinnt. Wie sich zeigen wird, gelingt es ihr so, die Politik, die sich in ihrem expressionistischen Öffentlichkeitsmodell ausschließlich in der Öffentlichkeit abspielt, von der Herrschaft und der Verwaltung, die sie in den privaten Bereich verdrängt, abzuspalten.

In der Antike sollte sich das wirkliche menschliche Leben nur im Bereich des Öffentlichen, in der Polis abspielen, während die Arbeit, das Notwendige, in den privaten Bereich, den Haushalt, verdrängt wurde. Von der Arbeit, die den Sklaven zufiel, versuchte man sich weitestgehend zu emanzipieren. Sie galt der tierischen Natur verwandter als der menschlichen, so dass Aristoteles annehmen konnte, dass die Sklaven gar eine nichtmenschliche Natur besäßen. In der Polis herrschte ausschließlich der Bereich der Freiheit. Herrschaft und Unterdrückung wurden in den Bereich des Haushalts verdrängt. So war der Mann in der Polis der freie Diskutant, während er im Haushalt wie selbstverständlich die Rolle des Patriarchen und Despoten übernahm. Die Beherrschung der Lebensnotwendigkeiten innerhalb eines Haushaltes stellten die Bedingungen für die Freiheit in der Polis bereit.

In der Neuzeit, so konstatiert Arendt, löste sich diese Unterscheidung auf, der Bereich der Politik und der Bereich der Gesellschaft fielen zusammen. Das Verschwinden der Kluft, welche die Menschen des klassischen Altertums gleichsam täglich überqueren mussten, um den engen Bezirk des Haushalts zu übersteigen und aufzusteigen in den Bereich des Politischen, sei ein wesentlich neuzeitliches Phänomen. Die Gesellschaft entsteht für sie mit dem Eindringen des einst auf den Haushalt beschränkten Bereichs des Arbeitens und Herstellens in die Öffentlichkeit. In der Theorie der politischen Ökonomie, in der die Politik nur eine Funktion der Ökonomie ist, entdeckt Arendt dies am deutlichsten. Die Gesellschaft erscheint für sie als ein einziger großer Haushalt. Der Bereich der Politik und des Öffentlichen wird hier bereits ausgehebelt, um später, in der totalen Herrschaft, dann völlig eliminiert zu werden.

An die strenge Unterscheidung zwischen Polis und Haushalt knüpft Arendt an, wenn sie den öffentlichen Raum und den des Privaten bestimmt. Der öffentliche Raum ist für sie dadurch geprägt, dass all das, was in ihm geschieht, für jedermann sichtbar ist. „Daß etwas erscheint und von anderen genau wie von uns selbst als solches wahrgenommen werden kann, bedeutet innerhalb der Menschenwelt, daß ihm Wirklichkeit zukommt."[26] Erst wenn Dinge im Öffentlichen erscheinen, können sie, so Arendt, als real wahrgenommen werden. Sie benutzt ein starkes Bild, um den öffentlichen Raum vom Privaten zu trennen. Die Öffentlichkeit sei gleich einem „blendend unerbittlichen Licht",[27] dem das verborgene und geborgene Dunkel des Privaten gegenüberstehe.

Für Arendt ist die Öffentlichkeit die gemeinsame Welt der Menschen. Sie dient als das verbindende Glied, welches zwischen den Menschen steht und diese in ihrem Handeln zueinander führt. Erst durch den Raum des Öffentlichen würden sich die Menschen versammeln. Anders als Aristoteles, der die Politik *im* Menschen zu entdecken meinte, im *zoon politikon*, betont Hannah Arendt, dass die Politik nicht *im* Menschen, sondern *zwischen* den Menschen stattfinde.[28] Arendt denkt das Politische als einen pazifizierten Raum, in dem gemeinschaftlich gehandelt wird.

Sie weist auf das Beständige der gemeinsamen Welt hin, in die die Menschen mit ihrer Geburt eintreten und aus der sie mit ihrem Tod wieder austreten. Ihre Taten können aber das eigene Leben überdauern: „Die Welt haben wir nicht nur gemeinsam mit denen, die mit uns leben, sondern auch mit denen, die vor uns waren, und denen die nach uns kommen."[29] Arendt bemängelt in der Neuzeit das Fehlen des Wunsches nach der Unsterblichkeit der eigenen Taten, welcher bei den alten Griechen und Römern im öffentlichen Raum der Polis und res publica, gerade gegeben war. Dieser Raum

---

26 Arendt: Vita Activa, S. 62.

27 Ebd., S. 64.

28 Vgl.: Arendt: Was ist Politik?, S. 11.

29 Arendt: Vita Activa, S. 69.

hat, so schlussfolgert Arendt, die Garantie gegeben, dem sterblichen Menschen zu Unsterblichkeit zu verhelfen.[30]

Hier wird der agonale Charakter ihres politischen Raumes deutlich. Die Öffentlichkeit ist ein Raum kompetitiver Auseinandersetzungen, in dem Bürger danach streben, sich unsterblich zu machen.[31] Im öffentlichen Handeln wird somit eine Spannung zwischen dem gemeinsamen und dem agonalen Handeln der Menschen deutlich. Wie sich noch zeigen wird vertritt Arendt kein rein agonales, sondern vielmehr ein auf der Verständigung der Menschen in der gemeinsamen Welt beruhendes Handlungsmodell.

Arendt definiert das Private in negativem Bezug auf das Öffentliche. Das Private ist durch die Abwesenheit von anderen Menschen bestimmt. Es ist für sie gleichsam unbeständig, denn im privaten Tun wird nichts hinterlassen, die privaten Tätigkeiten haben keine Folgen. Für andere Menschen ist es so, als gäbe es den Privatmenschen gar nicht. Das Private ist für Arendt daher von Verlassenheit geprägt, von einem Rückzug aus der Öffentlichkeit. Dieser Rückzug in die Verborgenheit des Privaten sei in der Neuzeit ein Massenphänomen.

Gänzlich zerstört wird der öffentliche und private Bereich für Arendt gleichermaßen durch das neue Phänomen der Massenherrschaft. In dieser wird die Pluralität zerstört und der Einzelne ist auf sich selbst zurückgeworfen. Die Öffentlichkeit verliert radikal an Bedeutung. Anstatt in einem Austausch mit anderen Menschen im öffentlichen Raum zu treten, finden Erfahrungen nur noch im subjektiven Raum statt. Diese von der Welt abgeschnittenen Erfahrungen reihen sich nach Arendt lediglich zu einer ins Endlose multiplizierten Kette von isolierten Tätigkeiten. „Ein jeder ist nun eingesperrt in seine Subjektivität wie in eine Isolierzelle, und diese Subjektivität darum nicht weniger subjektiv und die in ihr gemachten Erfahrungen darum nicht weniger singulär, weil sie ins Endlose multipliziert erscheinen."[32]

---

30 Vgl.: Ebd., S. 69f.

31 Bluhm: Handeln und Verantwortung, in: Politisches Denken Jahrbuch 2001, S. 10.

32 Arendt: Vita Activa, S. 73.

Ist für sie die Privatisierung ein Phänomen der liberalen Gesellschaft, in der der Einzelne sein Interesse, im ewigen Kampf gegen die Konkurrenz auf dem Markt, an den öffentlichen Dingen, an der Politik verliert, so ist die Massengesellschaft in ihrer totalitären Ausprägung eine Radikalisierung der an sich schon antipolitischen Transformation der alten Gesellschaft. Der Fehler des Liberalismus sei für Arendt, so d'Arcais, dass er den *homo oeconomicus* gegenüber jeder anderen menschlichen Existenzweise aus Überzeugung vorziehe.[33] Dieser ist für sie allerdings vollkommen in die Zweck-Mittel-Kategorien der wirtschaftlichen Ethik eingespannt. Gerade gegen den Utilitarismus mitsamt dem vorherrschenden Kosten-Nutzen-Kalkül wendet sich Arendt mit der Lessingschen Frage: Was ist der Nutzen des Nutzens?
„In der modernen Welt haben diese Beraubungen und der ihnen inhärente Realitätsverlust zu jener Verlassenheit geführt, die nachgerade ein Massenphänomen geworden ist, in welchem menschliche Beziehungslosigkeit sich in ihrer extremsten und unmenschlichsten Form äußert."[34] Arendt glaubt, dass in seiner fortgeschritteneren Form die Massengesellschaft nicht nur den Bereich des Politischen, sondern auch den privaten Bereich zerstört. Jenen, in den sich der Einzelne zurückziehen kann, in dem er unbeobachtet die Sicherheit der eigenen vier Wände finden konnte. Hier deutet sich das in der Totalitarismusuntersuchung entdeckte Phänomen an, dass totalitäre Bewegungen es nicht bei der bereits zerstörten Öffentlichkeit belassen können, sondern auch das vom Bürgertum verteidigte Private zerstören müssen. Arendt weist darauf hin, dass als immer auch antibürgerliche Bewegung die totale Herrschaft nicht halt macht, bevor sie nicht die absolute, im Privaten wie auch im Öffentlichen, atomisierte Masse erzeugt hat. Die atomisierte Masse hat keine gemeinsame Welt mehr, in der die Einzelnen aufeinander treffen könnten. Durch die Vernichtung jeglicher Pluralität sind sie, so Arendt, der Möglichkeit beraubt, gemeinsame Erfahrungen zu machen. Verhinderte doch der

---

33 Vgl.: d'Arcais 1993, S. 34.

34 Arendt: Vita Activa, S. 73.

öffentliche Raum, dass die Menschen über- und ineinanderfielen. Denn „nicht der Mensch bewohnt diesen Planeten, sondern Menschen. Die Mehrzahl ist das Gesetz der Erde."[35]

2.2. Handeln im Gegensatz zur Arbeit und zum Herstellen

Der oben dargestellte Gegensatz zwischen Öffentlichkeit und Privatheit, spiegelt sich in dem Verhältnis wieder, welches das Handeln zur Arbeit und zum Herstellen hat. Deutlich wird damit, dass die Begriffe Freiheit, Öffentlichkeit und Handeln nicht selbständig nebeneinander stehen, sondern eng aufeinander bezogen sind. Das Gleiche gilt für die Begriffe Arbeit, Herstellen, Privatheit und wie sich in ihrer Untersuchung *Über die Revolution* noch zeigen wird auch für ihr Verständnis des Gesellschaftlichen und Sozialen.
Auf die Frage, was tun wir, wenn wir tätig sind, gibt Arendt drei Antworten. Wir arbeiten, wir stellen her und wir handeln. Diese drei Tätigkeiten sind der Inhalt der *Vita Activa,* des tätigen Lebens.

2.2.1. Arbeit

Die Arbeit bewertet Arendt ganz ähnlich wie antike Denker, als von geringstem Wert, als eine von der Öffentlichkeit abgegrenzte und einsame Tätigkeit. In der modernen Welt hat der Mensch sich für sie radikal verändert. Er ist zu einem *animal laborans,* einem arbeitenden Lebewesen geworden, auf sich selbst zurückgeworfen und der Welt entfremdet. Die Arbeit ist für Arendt der endlose Austauschprozess mit der Natur, der mit der Notdurft des Lebens und der Mühe verbunden ist und kein Produkt, keine Spuren hinterlässt außer der Reproduktion.

---

35 Arendt: Vom Leben des Geistes. Bd. 1, S. 29.

2.2.2. Herstellen

Das Herstellen hingegen hat für Arendt einen konkreten Anfang in dem Moment der Idee, die sich ein Mensch in seinem Kopf von einem Gegenstand macht und ein Ende in dem Produkt, welches der Mensch der Welt hinterlässt. Arendt unterscheidet die Arbeit als eine unproduktive Tätigkeit vom Herstellen, das eine produktive Betätigung ist. Das Herstellen produziert in ihrer Vorstellung eine Welt unzähliger verschiedener Dinge, in der sich die Menschen bewegen. Der *homo faber* verfolgt immer einen bestimmten Zweck und sein Tun ist nur ein Mittel, diesen Zweck zu erreichen.

Ein weiterer wesentlicher Unterschied neben dem endlosen und abgeschlossenen Prozess des Arbeitens und des Herstellens, welcher in dem einen Fall nichts hinterlässt, im anderen Fall aber schon, ist für sie die Möglichkeit, mit anderen Menschen in Kontakt zu treten. Das *animal laborans* ist daher auf sich selbst zurückgeworfen und unfähig, anderen Menschen in einer gemeinsamen Welt zu begegnen. Der *homo faber* hingegen sei „durchaus fähig, einen ihm angemessenen öffentlichen Bereich zu erstellen, obzwar dies nicht ein politischer Bereich im eigentlichen Sinne des Wortes ist.“[36] Politisch ist für Arendt dieser Bereich nicht, da sich seine Funktion nur auf das gegenseitige Ausstellen und Betrachten der produzierten Dinge beschränkt. Er ist für sie ein Tauschmarkt und nicht mehr.

Die Antike hat den Unterschied, den Arendt zwischen der Arbeit und dem Herstellen macht, ignoriert. Sie unterschied vielmehr zwischen dem Bereich des Öffentlichen und des Privaten. In den privaten Haushalt verbannte sie das Herstellen und die Arbeit gleichermaßen, da diese Tätigkeiten nicht den Wert besaßen, der für die öffentlichen Angelegenheiten von Bedeutung war.

Die strenge Unterscheidung zwischen den Bereichen Arbeit und Herstellen erscheint aber nicht konstant durchhaltbar. So stellt die Arbeit oft genug auch etwas her und ist mit dem Herstellen daher eng verbunden. Die antike Trennung zwischen Arbeiten und

---

36 Arendt: Vita Activa, S. 191.

Herstellen auf der einen Seite und dem Handeln auf der anderen scheint daher logischer. Der Grund für die Abtrennung der Arbeit vom Herstellen bei Arendt ist der Kritik des Marx'schen Arbeitsbegriffes geschuldet. Der Kern seiner Gesellschaftsanalyse drehte sich um die Arbeit. Gerade hier versuchte Arendt mit ihrer Kritik anzuknüpfen.

2.2.3. Handeln

Gegen die oben dargestellten Bereiche des Arbeiten und Herstellen, führt Arendt den Bereich des Handelns ins Feld. Die Geburt eines Menschen eröffnet für sie zugleich auch immer den Beginn von etwas Neuem. Arendt schließt ihr Kapitel über das Handeln in *Vita Activa* mit folgendem Satz: „Daß man in der Welt Vertrauen haben und daß man für die Welt hoffen darf, ist vielleicht nirgends knapper und schöner ausgedrückt als in den Worten, mit denen die Weihnachtsoratorien ‚die frohe Botschaft' verkündeten: ‚Uns ist ein Kind geboren.'"[37] Mit dem Wunder der Geburt eines neuen Menschen ist auch für Arendt gleichsam ein neuer Anfang, neue Hoffnung verbunden, die sich handelnd verwirklichen könne. Die Geburt und das Handeln, das Neue und die handelnde Vermittlung sind für sie gleichbedeutend. Erst mit dem Handeln beginne der Mensch sein Leben. Ein Leben ohne Handeln ist für Arendt ein in die Länge gezogenes Sterben.[38] Während Arbeiten und Herstellen von ihr gar nicht in den Bereich des Lebens eingegliedert werden, steht das Handeln in dessen Mittelpunkt. d'Arcais spricht daher von einer „normativen Unterscheidung zwischen verschiedenen Formen des Handelns",[39] einer „aufsteigenden Hierarchie",[40] die den zunehmenden Abstand aus den Bedingungen des rein animalischen und natürlichen Lebens mit der Natur kennzeichnet.

---

37 Ebd., S. 317.
38 Ebd., S. 215.
39 d'Arcais 1993, S. 20.
40 Ebd., S. 23.

Arendts Handlungsbegriff ist eng an den Begriff der Öffentlichkeit geknüpft. Nur in der Interaktion mit anderen Menschen, im „,acting in concert', wie Burke zu sagen pflegte",[41] kann der Einzelne handelnd aktiv werden. Handeln, darauf weist Arendt hin, ist in der Isoliertheit von anderen Menschen, wie dies beim Arbeiten und auch beim Herstellen möglich ist, nicht möglich. Die Handlung die in der Anonymität verbleibt, für die niemand namhaft gemacht werden kann, hinterlässt keine Bedeutung. Die Isoliertheit von anderen ist in diesem Sinne antipolitisch, in ihr verfällt die Politik. Arendt kann sich auf Montesquieu und seine Definition der Staatsform der Tyrannis beziehen. Diese sei ihrem Wesen nach unpolitisch, weil sich der Tyrann von der Bevölkerung isoliert. Zugleich ist die Tyrannis für Montesquieu auch die instabilste Verfassung, da sie aufgrund ihrer Isoliertheit den Verfall bereits in sich trägt.

Arendt betont, dass die Menschen, sofern sie handeln, in einer wechselseitigen Abhängigkeit von einer öffentlichen Welt stehen. „Handelnd und sprechend offenbaren die Menschen jeweils, wer sie sind, zeigen die personale Einzigartigkeit ihres Wesens, treten gleichsam auf die Bühne der Welt."[42] Durch das öffentlich aufgeführte Handeln zweier Personen, die gleichsam von Dritten beobachtet werden, entsteht für Arendt eine gemeinsame Welt. Harald Bluhm klassifiziert dieses Konzept unter den Begriff „rhetorisch-dramaturgisches Handlungsmodell", bei dem von besonderer Bedeutung sei, dass das handeln nicht auf Konflikt und Herrschaft verkürzt wird.[43]

Hier wird wiederum ein direkter Bezug auf die antike Vorstellung der Polis deutlich. Sie zieht den Vergleich mit den Griechen, die von einer „immerwährenden Bühne", auf der die Auftritte der Menschen vor einem Publikum stattfinden, welches nicht bloß Zuschauer, sondern zugleich auch Mithandelnder ist, sprachen. „So steht das Handeln nicht nur im engsten Verhältnis zu dem Teil der

---

41 Arendt: Freiheit und Politik, S. 224.

42 Ebd., S. 219.

43 Bluhm: Handeln und Verantwortung, S. 11.

öffentlichen Welt, den wir gemeinsam bewohnen, sondern ist diejenige Tätigkeit, die einen öffentlichen Raum in der Welt überhaupt erst hervorbringt."[44] Im Theater entdeckt Arendt folgerichtig dann auch die politische Kunst par excellence. „In diesem von der modernen Gesellschaft ursprünglich so tief verachteten Virtuosentum, in den ‚brotlosen' Künsten des Flötenspiels oder des Tanzens oder des Theaterspielens, hatte antikes Denken einmal die Beispiele und Illustrationen gefunden, an denen es doch die höchsten und größten Möglichkeiten des Menschen vergegenwärtigte."[45]

Mit dem Bezug auf die Rolle des öffentlichen Raumes und der Politik in der Antike rückt Arendt wieder eine Handlungstheorie in das Zentrum ihres politischen Denkens, die durch die Theorien der politischen Ökonomie zerstört wurde. Diese rückten von der Rolle der Öffentlichkeit und dem politischen Handeln der Menschen ab und stellten die Ökonomie in den Mittelpunkt ihrer Gesellschaftsanalyse. Der Mensch wurde über seine wirtschaftlich produktivste Tätigkeit definiert, über die Arbeit. John Locke entdeckte die Arbeit als die Quelle des Eigentums, Adam Smith fand in ihr die Quelle des Reichtums und Karl Marx erhöhte sie „zur Quelle aller Produktivität und zum Ausdruck der Menschlichkeit des Menschen selbst".[46] Durch die Dominanz des *animal laborans* erscheint für Arendt alle Tätigkeit nur noch unter der Perspektive ein Mittel zum Zweck zu sein. Auch das Handeln werde so zu einer Tätigkeit, die wie das Herstellen ein Mittel ist einen Gegenstand zu schaffen, zu einem Mittel zum Zweck.

In der Degradierung des Politischen zu einem Mittel für einen Zweck liegt für sie der Versuch, „das Handeln aus dem Gebiet der menschlichen Angelegenheiten nach Möglichkeit auszuschalten und diese Angelegenheiten so zu behandeln, als wären sie den Gesetzen

---

44 Arendt: Freiheit und Politik, S. 249.

45 Ebd., S. 263.

46 Ebd., S. 121., Nichtsdestotrotz weist Arendt auf das ambivalente Verhältnis, welches Marx zur Arbeit hat hin. Trotz der „ewigen Naturnotwendigkeit", die er der Arbeit zuschreibt, geht es ihm doch letztendlich um die Befreiung von der Arbeit.

des Herstellens unterstellt und könnten mit der gleichen soliden Planmäßigkeit geregelt werden wie die Objekte der gegenständlichen Welt."[47] Diese Zweck-Mittel-Kategorien, so schlussfolgert Arendt, finden ihre mörderische Konsequenz in ihrer Übersteigerung, in der alle Mittel durch den Zweck gerechtfertigt sind. Jene Redensart, wer A sagt, müsse auch B sagen, wurde zu einer Art Leitspruch totalitärer Ideologie.

In einer objektivistischen Sichtweise, die menschliches Handeln „materialistisch" verstehen will, liegt nach Arendt die Gefahr der Entsubjektivierung des Handelns. Sei es Marx, der glaubt, dass sich die Gesellschaft hinter dem Rücken der Einzelnen herstellt, oder Adam Smith, der von einer „unsichtbaren Hand" sprach, oder bereits Plato, der einen Drahtzieher behauptete, der hinter der Bühne des sichtbaren Geschehens die Fäden zieht, an denen die Menschen, Puppen gleich, hängen.[48] Arendt sieht in all solchen Theorien den Versuch, durch das Ausschalten des „subjektiven Faktors",[49] die Menschen in etwas zu verwandeln, was sie nicht sind, in nicht-handelnde Wesen. Geschichte sei aber ihrem Wesen nach politisch und entstehe nicht aus Ideen oder Tendenzen, sondern aus Handlungen und Taten.

In Arendts Überlegungen zu der Frage was Politik ist, kommt also weder ein positiver Bezug auf den Staat, die Herrschaft, noch, wie sich später zeigen wird[50], ein positiver Bezug der Politik auf Souveränität vor. Ihre Gedanken zur Politik drehen sich vielmehr um Begriffe wie Handeln, Öffentlichkeit und Freiheit. Ganz bewusst, so meine These, die auch im Weiteren vertreten wird, versucht sie also ein Verständnis von Politik zu vermitteln, das unabhängig von Staat, Herrschaft und Souveränität ist.

---

47 Ebd., S. 293.

48 Vgl.: Ebd., S. 229; vgl.: Vila: Arendt and Heidegger, S. 82ff.

49 Ebd., S. 226.

50 Vgl.: Kapitel 4.10. „Schmitts Demokratie als Gegensatz zu Arendts Republikanismus".

2.3. Politik bei Schmitt

Es hat sich also gezeigt, dass Arendt den Bereich des Politischen nicht vom Staat ableitet, sondern bemüht ist, unabhängig von der Staatlichkeit, Politik aus dem freien, öffentlichen Handeln der Menschen zu bestimmen.
Carl Schmitts Begriff des Politischen kann man als genauen Gegensatz zu Arendts Verständnis der Politik begreifen. Im Vergleich mit Schmitt wird die Besonderheit von Arendts unorthodoxem politischem Denken deutlich. Obwohl Schmitt als Gegenpart zu Arendt begriffen wird, soll im Folgenden gefragt werden, ob es nicht dennoch Berührungspunkte zwischen beiden gibt. So zeigt sich, dass auch Schmitt die Politik unabhängig vom Staat zu begreifen versucht und ebenso wie Arendt eine Gefahr durch das Eindringen der Ökonomie in die Politik sieht.
Das Politische ist für Schmitt ein Bereich, der sich nach eigenen Kriterien bestimmt und gegenüber anderen Sachgebieten wie der Moral, der Ästhetik oder der Ökonomie in „eigenartiger Weise“[51] wirksam wird. Schmitt sucht nach letzten Unterscheidungen, die den Bereich des Politischen kennzeichnen. Diese Unterscheidungen bestimmen für ihn das politische Handeln, auf sie ließe es sich immer zurückführen.
Schmitt weist darauf hin, dass solche Unterscheidungen in anderen Bereichen allgegenwärtig und anerkannt sind. So bestimme das Moralische die Unterscheidung von *gut* und *böse*, das Ästhetische die Unterscheidung von *schön* und *hässlich* und das Ökonomische sei geprägt von dem Unterschied zwischen *rentabel* und *nicht-rentabel*. „Die spezifisch politische Unterscheidung, auf welche sich die politischen Handlungen und Motive zurückführen lassen, ist die Unterscheidung von *Freund* und *Feind*.“[52] Dieser Gegensatz, so Schmitt, steht selbständig für sich, das Politische darf nicht auf andere Unterscheidungen wie *gut, böse, schön* oder *hässlich*

51 Schmitt: Der Begriff des Politischen, S. 26.
52 Ebd., S. 26.

zurückgeführt werden. Der Feind ist für Schmitt im Politischen nicht der Feind weil er *böse* und *hässlich* ist.
Schmitt unterscheidet zwischen dem öffentlich-politischen und dem privaten Feind. Diese Trennung werde im Lateinischen, im Gegensatz zur deutschen Sprache, deutlicher. Im Lateinischen bedeutet öffentlicher Feind *hostis*, während der private Feind *inimicus* genannt wird. Durch die Unterscheidung von hostis und inimicus versucht der vom Katholizismus stark beeinflusste Theoretiker Schmitt zu verhindern, sich außerhalb der christlichen Lehre der Nächstenliebe zu stellen. Diese würde mit der Forderung „Liebet eure Feinde" (Matth. 5,44 Luk. 6,27) - diligite inimicos vestros - ausschließlich die privaten Feinde meinen.
Schmitt begreift den *hostis* existentiell und nicht normativ. Der Feind im politischen Sinne braucht für ihn also nicht ästhetisch, moralisch oder ökonomisch feindlich zu sein. „Er ist eben der andere, der Fremde".[53] Gleichzeitig kann für Schmitt aber aus einem moralischen, ästhetischen oder ökonomischen Gegensatz ein politischer Gegensatz werden, denn das Politische entscheidet sich nicht an der Auseinandersetzung zwischen Gegensätzen, sondern an der Möglichkeit, den Gegensatz zwischen Freund und Feind zu erkennen. Zum Beispiel sei eine „Klasse" zunächst eine rein ökonomische Kategorie. Wenn diese aber an den entscheidenden Punkt gelange und den Klassengegner als Feind betrachte, mit ihm einen Klassenkampf begänne, würde aus ihr eine politische Größe.
Die Entscheidung treffen zu können, wer der Feind ist, sei gleichzeitig nur den beiden existentiell Beteiligten vorbehalten. Kein unparteiischer Dritter und keine gesetzliche Normierung könne Feindschaft hervorrufen oder Freundschaft stiften. „Die seinsmäßige Sachlichkeit und Selbständigkeit des Politischen zeigt sich schon in dieser Möglichkeit, einen derartig spezifischen Gegensatz wie Freund-Feind von anderen Unterscheidungen zu trennen und als etwas Selbständiges zu begreifen."[54]

---

[53] Ebd., S. 27.
[54] Ebd., S. 28.

Wenn Schmitt vom Begriff des Politischen spricht, geht er immer davon aus, dass Begriffe einen polemischen Sinn haben. Für Schmitt haben politische Begriffe die Gegensätzlichkeit im Auge. Sie sind stets an eine konkrete Situation des Kampfes gebunden und werden zu leeren, normativen Begriffen, wenn sie von der konkreten Situation des Kampfes losgelöst werden. Sie „sind unverständlich, wenn man nicht weiß, wer in concreto durch einen solches Wort getroffen, bekämpft, negiert und widerlegt werden soll."[55]

Zur Politik gehört für Schmitt daher notwendig die Möglichkeit des Kampfes. Auch dieser Kampf sei seinsmäßig zu verstehen. Der existentielle Kampf unterscheidet sich für Schmitt strikt vom rein geistigen Kampf in der Diskussion, oder dem Ringen mit der Konkurrenz um den Sieg auf dem Markt. Gegen die liberale Vorstellung eines durch Regel und Gesetze begrenzten Kampfes mit normierten Mitteln provoziert Schmitt, indem in seinem Begriff des Politischen „insbesondere auf die reale Möglichkeit der physischen Tötung Bezug"[56] genommen wird.

Der Krieg, die „seinsmäßige Negierung anderen Seins",[57] wird von ihm keineswegs gewünscht - Schmitt versteht sich nicht als Bellizist -, er ist für ihn allerdings eine, vom Liberalismus verdrängte, immer vorhandene reale Möglichkeit. Der Krieg, so Schmitt, äußert sich sowohl gegen den „Anderen" innerhalb des Volkes, als auch gegen den „Fremden" außerhalb des eigenen Volkes. Aber der „Krieg, die Todesbereitschaft kämpfender Menschen, die physische Tötung von anderen Menschen, die auf der Seite des Feindes stehen, alles das hat keinen normativen, sondern nur einen existentiellen Sinn, und zwar in der Realität einer Situation des wirklichen Kampfes gegen einen wirklichen Feind, nicht in irgendwelchen Idealen, Programmen oder Normativitäten."[58] Eine physische Tötung von Menschen ließe sich eben nur aus einer seinsmäßigen Begründung und nicht aus der Moral oder ähnlichen Gründen rechtfertigen.

---

55 Ebd., S. 31.
56 Ebd., S. 33.
57 Ebd., S. 33.
58 Ebd., S. 49.

Schmitt betont, dass der Kampf nicht allgegenwärtig, sondern die Ausnahme ist. Es kann für Schmitt sogar politisch sinnvoll sein, einen Frieden mit dem Feind zu schließen, Neutralität walten zu lassen. Worauf es ihm aber ankommt, ist das Erkennen der realen Möglichkeit des Kampfes und der immer, auch im Frieden, vorhandenen Unterscheidung zwischen Freund und Feind. Nur weil die Dezision erst im Fall des Kampfes offen auftritt, bedeutet dies für ihn nicht, dass sie erst in solchen Momenten entsteht. Der Ausnahmefall hat hier die „entscheidende und den Kern der Dinge enthüllende Bedeutung".[59]

„Nicht gegen die politischen Feinde, sondern gegen die Feinde des Politischen wandte sich Schmitt mit seinem *Begriff des Politischen.*"[60] Insbesondere der individualistische Liberalismus negiert für ihn das Politische. Der Liberalismus, so kritisiert Schmitt, ist misstrauisch gegen jede Form von politischer Macht und Staatsform. Mit dem Anspruch, die Freiheit des Einzelnen gegen die Notwendigkeit des Opfers für die politische Gemeinschaft zu verteidigen, befinde sich der Liberalismus für ihn im Kampf gegen die Politik. An „die Stelle einer klaren Unterscheidung der beiden verschiedenen Status ‚Krieg' und ‚Frieden' tritt damit die Dynamik ewiger Konkurrenz und ewiger Diskussion."[61] Zwar handelt nach Schmitt der Liberalismus politisch, wenn er als Feind der Politik auftritt, er könne aber zugleich keine eigene positive Theorie von Staat oder Politik entwickeln.

Der Staat wird für Schmitt in der liberalen Theorie zur Gesellschaft und aus dem politischen Willen, den Feind zu bekämpfen wird die Suche nach rationalen und ökonomischen Möglichkeiten, einen Ausgleich herbeizuführen. Die Politik soll ökonomischen und privatrechtlichen Methoden unterworfen werden. Das Eindringen der Gesellschaft durch Moral, Recht und Wirtschaft in den Bereich der Politik entspringt für Schmitt der Angst des Liberalismus vor der Entscheidung. Diese würde immer Gewalt und Herrschaft

59 Ebd., S. 35.

60 Gross: Carl Schmitt und die Juden, S. 305.

61 Schmitt: Begriff des Politischen, S. 71.

bedeuten. Die Ökonomie hingegen verkörpert für ihn die Freiheit. Mit dem Versuch, die ökonomische Freiheit in die Politik zu überführen und diese nach den Kriterien des freien Tausches und des Vertrages zu organisieren, müssten die liberalen Feinde der Politik zwangsläufig scheitern.

Nicht die Wirtschaft sei in die Politik eingedrungen, sondern die Politik hat die Wirtschaft politisiert.[62] Deutlich wird hier die oben angeführte Möglichkeit, dass andere, nicht direkt zur Politik gehörende Bereiche, sich politisieren können. Irrig sei daher die Vorstellung, dass die vermeintlich von der Wirtschaft liberalisierte Politik „essentiell un-kriegerisch" ist. „Essentiell un-kriegerisch, und zwar aus der Essenz der liberalen Ideologie heraus, ist nur die Terminologie."[63] Der Feind werde nicht mehr als der existentiell Andere und Fremde bezeichnet, sondern als der *Störer des friedlichen Wirtschaftens*, als *Friedensbrecher* oder *Feind des Friedens*. Schmitt diagnostiziert, dass das scheinbar un-politische oder gar antipolitische System nur zu neuen Freund-Feind-Kategorien führt. Es „vermag der Konsequenz des Politischen nicht zu entrinnen."[64]

Die liberale Feindschaft gegen die Politik hat aber, so kritisiert Schmitt, den Staat in eine schwere und letztendlich zerstörende Krise gestürzt. Am Ende einer Stufenfolge der Neutralisierung und Entpolitisierung, die vom „Theologischen über das Metaphysische

---

62 Heinrich Meier weist auf eine wesentliche Änderung in Schmitts Begriff des Politischen in den Ausgaben von 1927 und 1932 hin. Konstituierte Schmitt 1927, dass die Politik als vollkommen eigenständigen Bereich sei, so änderte sich dies in der Ausgabe von 1932. Hier erscheint die Politik nicht als ein eigenes, abgeschlossenes Sachgebiet, sondern besitzt die Fähigkeit von jedem Sachgebiet, der Wirtschaft, der Moral usw., erreicht zu werden. „Die Gebiets-Konzeption wird durch ein Intensitätsmodell ersetzt." (Meier: Carl Schmitt, Leo Strauss und „Der Begriff des Politischen", S. 30.) Meier erklärt dies so: War der „Begriff des Politischen" in der Ausgabe von 1927 auf den zwischenstaatlichen Krieg ausgerichtet, so versuchte Schmitt mit der Hinwendung zum Intensitätsmodell „seinen Begriff des Politischen ‚bürgerkriegsfähig'" (Ebd., S. 31) zu machen.

63 Ebd., S. 77.

64 Ebd., S. 78.

und das Moralische zum Ökonomischen"[65] hinweg schritt, ist für ihn der neutrale und liberale Staat übrig geblieben.
Durch die Übertragung der vermeintlichen Neutralität der Technik aus dem Bereich der Ökonomie sollte, so Schmitt, der Staat zu einem gutmütigen Vermittler neutralisiert werden.[66] Technik, das erkennt er durchaus an, ist allerdings immer nur ein Instrument und kann daher naturgemäß keine eigenen Entscheidungen treffen. Diese Vorstellung von Technik entspricht für ihn allerdings genau der liberalen Vorstellung vom Staat. Der Staat sollte ein neutrales Instrument werden, welchem man sich beliebig bedienen kann. Gerade in dieser Neutralität liege seine Existenzberechtigung.
In einer solchen Form bestimmt nicht der Staat die Ökonomie, sondern die Ökonomie den Staat. „Ein Staat, der in einem ökonomischen Zeitalter darauf verzichtet, die ökonomischen Verhältnisse von sich aus richtig zu erkennen und zu leiten, muß sich gegenüber den politischen Fragen und Entscheidungen für neutral erklären und verzichtet damit auf seinen Anspruch zu herrschen."[67]
Ein Staat, der nicht mehr herrschen will, der seine Souveränität aufgibt, das ist für Schmitt eindeutig, stirbt. Im Vorwort der Ausgabe des *Begriff des Politischen* von 1963 schreibt er daher, dass die „Epoche der Staatlichkeit (...) jetzt zu Ende"[68] gehe. Dies bedeutet in Schmitts Theorie aber nicht das Ende der Politik und damit der souveränen Entscheidung und Herrschaft. Dies sei ein liberaler Trugschluss. Der Untergang des Staates ist in Schmitts Gedankenbau durchaus möglich, obwohl das Politische weiterbesteht. Die zentrale These seines Werkes ist ja gerade die, dass das Politische und das Staatliche nicht das gleiche sind, sondern der „Begriff des Staates (...) den Begriff des Politischen"[69] voraussetzt.

---

65 Ebd., S. 88.

66 Schmitt unterscheidet in *Das Zeitalter der Neutralisierungen* zwischen der Technik als solcher, die nicht per se Neutralisierung bedeute, weil sie Ergebnis „menschlichen Verstandes und menschlicher Disziplin" ist, und der Technizität. Diese sei „böser und teuflischer Geist". (Schmitt: Begriff des Politischen, S. 93)

67 Ebd., S. 87.

68 Ebd., S. 10.

69 Ebd., S. 20.

Deutlich wird hier, dass Schmitt ebenso wie Arendt Politik nicht vom Staat aus zu denken versucht. Der Kern der Politik ist für ihn die souveräne Entscheidung über Freund und Feind und diese hat zunächst nichts mit dem Staat zu tun. Dass die Souveränität in der Epoche der Staatlichkeit mit dem Staat zusammenfiel, war Schmitt zufolge lediglich ein vorübergehendes Phänomen.[70]

2.4. Arendt und Schmitt

Schmitt deutet das Eindringen der Ökonomie und der Gesellschaft in den Bereich des Politischen als eine Gefahr und den Beginn des Endes der staatlichen Politik. Hannah Arendt beobachtet das gleiche Phänomen. In der modernen kapitalistischen Gesellschaft dringt der Bereich des Haushaltes in die Politik ein. Allerdings begreift Arendt, außer der kritisch gemeinten Grundthese der Eroberung der Politik durch die Ökonomie, den Vorgang genau in entgegengesetzter Form zu Schmitt. Während dieser das Ende der Souveränität und der Herrschaft des Staates durch die Pluralität und die Freiheit des Marktes bemängelt, begreift Arendt gerade die Politik als den Bereich der Pluralität und der Freiheit, der durch die Herrschaft und die Souveränität[71] der Herr-Knecht-Verhältnisse im Bereich der Ökonomie bedroht wird.

Andreas Herberg-Rothe sieht in dieser Kritik einen Berührungspunkt der Arendtschen mit der Schmittschen Theorie. Gemeinsam sei beiden die Kritik der Moderne. „Carl Schmitt votiert vehement gegen den Primat des Ökonomischen (...). Nicht viel anders erklärt sich für Arendt der ‚Verlust des Politischen' vor allem aus der Übermacht des Gesellschaftlichen".[72] Allerdings beschränkt

---

70 Die These von einer endenden Epoche der Staatlichkeit wird genauer im folgenden Kapitel 3.6. „Entstaatlichung bei Carl Schmitt" dargestellt.

71 Zum Begriff der Souveränität in der Ökonomie bei Arendt vgl.: Arendt: Kultur und Politik, S. 294f.

72 Herberg-Rothe: Hannah Arendt und Carl Schmitt, in: Der Staat 1/2004, S. 38.

sich die Gemeinsamkeit auf das gleiche Problembewusstsein im Verhältnis der Ökonomie zur Politik. Die Schlussfolgerungen wiederum sind entgegengesetzt. Zu fragen ist daher, ob in diesem Punkt von einer Berührung gesprochen werden kann, oder nicht vielmehr in der gemeinsamen Betrachtung eines Phänomens die Unterschiede der beiden Denker deutlich werden.

Schmitt fasst den Begriff der Politik ganz im Gegensatz zu Arendt als die Unterscheidung zwischen Freund und Feind.[73] Eine solche Unterscheidung treffen zu können setzt für ihn notwendig Souveränität voraus. Diese, das erkennt Schmitt, ist nicht zwischen Gleichberechtigten möglich, sondern nur in einer hierarchischen Ordnung. Politik bedinge daher notwendig den Souverän und die Un-Souveränen. Unter den Un-Souveränen gibt es keine Pluralität, sie sind gleichartig, Artfremde werden nicht zugelassen.

Die Entscheidung ist für ihn eine Entscheidung zum Kampf. Ein existentialistisches Prinzip, welches nicht normiert oder gar abgeschafft werden könne. Der Kampf impliziere daher notfalls auch die physische Vernichtung. Kampf, Entscheidung, Souveränität sind in Schmitts Denken seinsmäßig mit der Politik verbunden. „Das Kriterium des Politischen ist als Weckruf gegen die Seinsvergessenheit formuliert."[74]

Für Schmitt war eine genaue Distinktion von Begriffen von zentraler Bedeutung. Alle politischen Begriffe waren für ihn polemische Begriffe. Ganz anders bei Arendt. Sie formuliert keine Kampfbegriffe wie Schmitt, sondern umschreibt den Bereich der Politik mit den Begriffen Freiheit, Pluralität und Handeln. Arendt idealisiert den Bereich der Politik jedoch nicht zu einem paradiesischen Zustand völliger Harmonie. Die Menschen treten sich durchaus agonal entgegen und wetteifern darum, sich durch ihre Taten unsterblich zu machen. Herrschaft und Souveränität

---

73 *Kateb* weist in der Beantwortung der Frage, was für Arendt Politik ist daher explizit auf den Gegensatz zu Schmitts Freund-Feind-Schema hin. Kateb: Political action: its nature and advantages, in: Villa (Hrsg.): The Cambridge Companionm to Hannah Arendt, S. 134.

74 Ladwig: „Die Unterscheidung von Freund und Feind als Kriterium des Politischen", in: Mehring: Der Begriff des Politischen, S. 52.

hingegen bedrohen die Politik. Sie sind Prinzipien der unfreien Gesellschaft. Wenn sie in die Politik eindringen, sei es um den Bereich des Politischen geschehen.

In der Vermassung der Gesellschaft sahen Schmitt und Arendt gleichermaßen eine Gefahr. Doch Schmitt löst den „Betrug" der „*einen* Menschheit" in den Gegensatz von Freund und Feind auf. Arendt betont die Verschiedenheit der Menschen in der Pluralität gegenüber der unterschiedslosen Masse. Für sie steht, anders als für Schmitt, die Vermittlung der Unterschiede im gemeinsamen Handeln der relativ Verschiedenen im Mittelpunkt.

3. Das Ende der Politik - der Anfang des politischen Denkens

Im vorherigen Abschnitt wurde Arendts politisches Denken anhand der für sie entscheidenden Begriffe Handeln, Freiheit und Öffentlichkeit dargelegt. Es soll nun gezeigt werden, dass alle wesentlichen Momente ihres Denkens bereits in ihren Überlegungen zum Totalitarismus angelegt waren.[75]

In einem Fernsehinterview mit Günther Gaus sagte Hannah Arendt einmal, dass es die Erfahrung der nationalsozialistischen Katastrophe war, die sie zum politischen Denken gebracht hat.[76] Diese Katastrophe war, und das ist das entscheidende Moment für Arendt, sowohl eine *Politik der Vernichtung*, als auch die *Vernichtung der Politik*. Eine These, die sich bewusst von der scheinbar näher liegenden Einschätzung der totalen Herrschaft als das Eindringen der Politik in alle Lebensbereiche absetzt.[77] Die Vorstellung vom Verschwinden der Politik ist aus ihrem Politikverständnis heraus, in dem Politik und Freiheit eng verbunden sind, nur konsequent. Sie beginnt also in einem Moment über Politik nachzudenken, in dem Politik zu verschwinden scheint.[78]

Den Totalitarismus betrachtet Arendt als einen vollkommenen Bruch mit der westlichen Tradition. Die totale Herrschaft hat „die

---

75 Canovan: Arendt's theory of totalitarism, in: Villa (Hrsg.): The Cambridge Companionm to Hannah Arendt, S. 34.

76 „*Gaus*: Gibt es in ihrer Erinnerung ein bestimmtes Vorkommnis, von dem Sie ihre Hinwendung zum Politischen datieren können? *Arendt*: Ich könnte den 27. Februar 1933, den Reichstagsbrand nennen." Später im Interview sagt sie dann: „Das Entscheidende ist der Tag gewesen, an dem wir von Auschwitz erfuhren (...). Das war 1943." Arendt, Hannah: Zit. nach: Arendt: Was bleibt?, in: Bittermann, S .11 & S. 21.

77 Vgl. statt vieler: Mommsen (Hrsg.): Herrschaftsalltag im Nationalsozialismus. Die These des Eindringens der Politik in den Alltag der Menschen wird u.a. besonders im Kapitel „Politisierung und Neutralisierung der Schule in der nationalsozialistischen Zeit" deutlich.

78 So auch: Villa: Introduction: the development of Arendt's political thought, in: Dies. (Hrsg.): The Cambridge Companionm to Hannah Arendt., S. 6; Bluhm: Von Weimarer Existentialphilosophie zum politischen Denken, S. 69.

Kontinuität abendländischer Geschichte unterbrochen".[79] Sie war für Arendt etwas vollkommenes Neues, etwas, das nichts mehr so hinterließ, wie sie es angetroffen hatte. Alle Bindungen zwischen den Menschen wurden gesprengt.

Obwohl Arendt erst zwei Jahre nach Veröffentlichung der *Elemente und Ursprünge* begann, in ihren Denktagebüchern von einem Traditionsbruch zu sprechen,[80] steht dennoch der Gedanke eines Bruchs mit der politischen Tradition im Mittelpunkt ihrer Untersuchung. Zu klären ist allerdings, was Arendt überhaupt unter dem Begriff der Tradition versteht.

Sie sieht insbesondere in den überlieferten politischen Begrifflichkeiten eine Tradition, welche jeder neuen Generation als Anhaltspunkt eigenen Handelns dient. „Durch den Traditionsbruch, den der Totalitarismus besiegelt hatte, waren ‚alle Kategorien des politischen Denkens' und die ‚Maßstäbe des Urteilens' ‚buchstäblich' auseinandergesprengt."[81] Gerade aus diesem Verständnis heraus wird deutlich, warum der Totalitarismus mit dem absoluten Bruch aller politischen Tradition solch negative Auswirkungen auf die Menschen hatte. Durch den Traditionsbruch konnte „Vergangenes nun nicht mehr als eine ‚Kette' von Ereignissen dargestellt werden, die sich generisch miteinander verbinden und tradieren ließen, sondern, da diese ‚Kette' gerissen war, nur noch in Fragmenten."[82]

Im Folgenden soll deutlich gemacht werden, dass Arendt ihr bereits oben umrissenes Verständnis von dem, was Politik ist, an einer Ausnahmesituation, nämlich der Vernichtung der Politik im Totalitarismus, entwickelt und nicht aus der Untersuchung der Normalität. „Die Erfahrung der totalen Herrschaft nötigt Arendt bei ihrer Suche nach dem Politischen zu einem Ansatz, dessen

---

79 Arendt: Elemente und Ursprünge, S. 946.

80 Vgl.: Vowinckel: Geschichtsbegriff und Historisches Denken bei Hannah Arendt, S. 87.

81 Nordmann: Hannah Arendt, S. 50.

82 Vowinckel: Geschichtsbegriff und Historisches Denken bei Hannah Arendt, S. 67.

Radikalität der Verzweiflung entspringt. Der Verzweiflung angesichts des totalen Verschwindens des Politischen".[83]

Ob der Totalitarismus als ganzes als eine Ausnahmesituation begriffen werden kann erscheint problematisch. Scheinen doch Ausnahmesituationen auf konkrete zeitliche Momente beschränkt zu sein. Im Falle einer Revolution ist die Bezeichnung „Ausnahme" daher problemlos, da eine Revolution, wie sich im Kapitel Vier zeigen wird, von kurzer Dauer ist. Der Totalitarismus erstreckte sich allerdings über eine längere Zeit, obwohl Arendt ausdrücklich auf einen engen zeitlichen Rahmen bestand. Im Falle des Nationalsozialismus umfasst dieser die Zeit zwischen 1938 und 1945, im Falle der Sowjetunion die zwischen 1930 und 1953.[84] Ein 23 Jahre andauernder Ausnahmezustand erscheint paradox. Aber genau auf einen solchen permanenten Ausnahmezustand scheint sich Arendt zu beziehen, wenn sie Trotzkis nicht weniger paradox wirkendes Konzept einer „permanenten Revolution" heranzieht, um den Totalitarismus als eine ständig in Bewegung bleibende Suspension von stabilen Strukturen zu beschreiben: „Läßt man das, was Trotzki sich selbst bei der Formulierung seiner Theorie von der ‚permanenten Revolution' gedacht hat, außer Betracht, und nimmt man das Wort nur als Schlagwort, so könnte man schwerlich eine treffendere Bezeichnung für die Technik finden, mit der die totale Herrschaft die Widersprüche zwischen Staat und Bewegung (...) gelöst hat."[85]

Die von einer Gewaltherrschaft regelmäßig angestrebte Stabilität der Herrschaft findet sich nach Arendt im Totalitarismus also nicht wieder. Wie sich zeigen wird, ist es für ihn vielmehr von grundlegender Bedeutung, alle statischen Momente, an erster Stelle jede staatliche Organisation, in einen dynamischen Prozess totalitärer Bewegung zu versetzen. Nach der Machtergreifung findet keine Verfassungsgründung oder Stabilisierung statt. Es kann somit keine Normalität einkehren.

---

83 Ahrens: Die Gründung der Freiheit, S. 28.

84 Arendt: Elemente und Ursprünge, S. 867.

85 Ebd., S. 819.

Was dafür spricht, dass Arendt im Totalitarismus Ausnahmesituationen entdeckt, ist die Tatsache, dass sie in ihm den absoluten Bruch mit allen politischen Traditionen sieht. Diese stoßen, begonnen in der antiken Polis, im Totalitarismus an ihr Ende. Das Moment des Neuen hebt Arendt in ihrer Untersuchung besonders hervor.

Weit davon entfernt, eine wissenschaftliche Untersuchung im Sinne einer Aufstellung von Idealtypen totalitärer Herrschaft zu leisten, wie dies Friedrich und Brzezinski taten,[86] entwickelt Arendt aus dem Scheitern der Politik ein Verständnis von dem, was Politik ist. Diese Momente der Vernichtung werden im Folgenden auf die Frage hin betrachte, ob Arendt sie als Ausnahmen sieht. Wenn im weiteren Verlauf vom Ausnahmezustand im Zusammenhang mit dem Totalitarismus gesprochen wird, so wird unter Berücksichtigung des oben beschriebenen Problems, dass ein Ausnahmezustand eigentlich nur von kurzer Dauer sein kann, vor allem auf das Moment des Bruches mit der politischen Tradition Bezug genommen.

Insbesondere soll dabei die Rolle des Staates betrachtet werden. Zu klären ist in diesem Zusammenhang die Frage, ob die Bewertung des Staates im Vergleich zu Arendts späteren, in den Kapitel Zwei und Vier dargestellten Positionen, eine andere ist. Dieser Betrachtung soll Schmitts Position zum Staat entgegengestellt werden, um abermals die politischen Konzepte der beiden Denker zu kontrastieren.

---

86 Friedrich/Brzezinski: Totalitäre Diktatur. Friedrich/Brzezinski entwickelten folgende sechs Idealtypen, die prägend für eine totalitäre Diktatur sind: Die Ideologie, die Partei, die terroristische Geheimpolizei, das Nachrichtenmonopol, das Waffenmonopol und die zentral gelenkte Wirtschaft. (Vgl: Ebd., S. 19.)

3.1. Die Zerstörung des Handelns

Hannah Arendts politisches Denken umfasst mehrere Begriffe, die sie in den inneren Zusammenhang dessen einordnet, was sie den Bereich des Politischen nennt.[87] Das gemeinsame Handeln der Menschen in der Öffentlichkeit konstruiert für sie einen Raum, in dem einzig Politik möglich erscheint. Noch bevor sich Arendt explizit über die aristotelische Trennung von Oikos und Polis, Not und Freiheit in ihrem Werk *Vita Activa* Gedanken machte, entwickelte sie bereits aus dem Untergang der politischen Eigenschaften der Menschen im Totalitarismus, inspiriert von einer politischen Ausnahmesituation, ein Konzept ihres politischen Denkens.

Der Totalitarismus unterscheidet sich für Arendt von allen Despotien der Vergangenheit. Er stellt für sie eine ganz neue Gesellschaftsform dar. Zeichnete sich vor der totalen Herrschaft die Tyrannei faschistischer, monarchistischer oder diktatorischer Couleur dadurch aus, dass ein alleiniger Herrscher oder aber eine kleine Clique, in jedem Fall aber die Minorität, die Geschicke eines Landes beherrschten, so verhalte es sich im Totalitarismus ganz und gar anders.

Totale Herrschaft ist ohne Massenbewegung und ohne Unterstützung durch die von ihr terrorisierten Massen nicht möglich. Falsch sei, so Arendt, die weit verbreitete These, dass Hitler lediglich ein Agent des deutschen Industriekapitals sei und Stalin sich durch die Fälschung von Lenins Testament an die Macht geschwindelt hätte. Vielmehr habe sie die ungeheure Popularität, die die beiden Führer bei den Massen genossen, an die Macht gebracht. Die Etablierung der totalen Herrschaft in Russland und in Deutschland wäre also nicht möglich gewesen, wenn nicht gerade die Massen hinter Stalin und Hitler gestanden hätten.

Arendt weist auf das völlige Desinteresse des Individuums an seinem eigenen Schicksal hin, das den Massenmenschen auszeichnet. Die Subjekte gehen für sie in der Masse auf, jeder

---

87 Vgl. hierzu: Kapitel 2.1. „Was ist für Arendt Politik?".

Einzelne „hat sich so sehr mit der Bewegung identifiziert, geht mit den Bewegungsgesetzen so völlig konform, daß es scheint, als sei die Fähigkeit, Erfahrungen zu machen, überhaupt vernichtet, so daß der Einzelne selbst gegen Tortur abgedichtet ist und gleichsam nicht mehr dazu kommt, auch nur die Angst vor dem Tod zu empfinden."[88]

Das wohl deutlichste Beispiel dieser Selbstlosigkeit sieht Arendt in den völlig zu Unrecht beschuldigten Kommunisten der Moskauer Schauprozesse, die trotz ihrer offensichtlichen Unschuld und trotz des Wissens, dass sie zum Tode verurteilt werden, ihre angebliche Schuld eingestehen. Diese völlige Aufgabe der eigenen Person, der Verlust des Instinktes für Selbsterhaltung an die Bewegung war das, „was die gesamte zivilisierte Welt (...) so erschütterte und verwirrte."[89]

Von den isolierten und atomisierten - „ein empörend akademisch-blasses Wort für einen grauenhaften Tatbestand"[90] - Individuen innerhalb der Massenbewegungen könne man eine ungeheure Ergebenheit und Treue erwarten. Arendt verweist auf die geistige und künstlerische Elite, die der totalen Herrschaft eher gefährlich als nützlich erschien. Man habe eine tiefe Abneigung gegen alles das verspürt, was man nicht verstand und all das, was nicht vorhersehbar war, musste verhindert werden. Aus diesem Grund habe man sich rechtzeitig von den Intellektuellen, die ihre bedingungslose Bereitschaft mitzumachen oft genug bekräftigten, dennoch getrennt. Dies trifft, so Arendt, neben vielen anderen auch auf Carl Schmitt zu.[91] „Geistige und künstlerische Initiative ist der totalen Herrschaft nicht weniger gefährlich als die

---

88 Ebd., S. 662f.

89 Ebd., S. 660.

90 Arendt: Macht und Gewalt, S. 56.

91 Es „sei an die Karriere Carl Schmitts erinnert, der zweifellos der bedeutendste Mann in Deutschland auf dem Gebiet des Verfassungs- und Völkerrechts war und sich die allergrößte Mühe gegeben hat, es den Nazis recht zu machen. Es ist ihm nie gelungen." (Arendt: Elemente und Ursprünge, S. 724.)

Gangsterinitiative des Mobs, und beide sind ihr bedrohlicher als bloß politische Gegnerschaft."[92]

Der Unterschied, den Arendt in der totalen Masse im Vergleich zum Mob und der Elite der vortotalitären Zeit sah, war der Charaktertyp des gleichgeschalteten Spießers.[93] „Der Massenmensch, den Himmlers Organisationskünste unschwer zum Funktionär und willigen Komplizen der größten Verbrechen, welche die Geschichte kennt, machte, trug deutliche Züge des Spießers, nicht die Züge des Mobs; hier waren keine Leidenschaften, verbrecherische oder normale, im Spiel, sondern lediglich eine Gesinnung, die es selbstverständlich fand, bei der geringsten Gefährdung der Sekurität alles – Ehre, Würde, Glauben – preiszugeben."[94]

Hier wird schon die Persönlichkeit deutlich, der Arendt später ein kontrovers diskutiertes Buch widmete: Adolf Eichmann. In ihrer Untersuchung zur totalen Herrschaft wird dieser zwar nur einmal erwähnt, aber gerade das spricht für die Theorie des gleichgeschalteten Spießers. Denn Eichmann war für sie nur ein Exemplar von vielen; jenen, die aus bloßem Gehorsam und kaltem Mitläufertum keinen Einwand gegen Menschheitsverbrechen äußerten. Diese Charakterisierung Eichmanns ist zuweilen auf scharfe Kritik gestoßen,[95] doch Arendt unterstreicht ihre Einschätzung mit der Tatsache, dass Kritik an der durchgeführten Vernichtungspraxis von frühen Protagonisten des Nationalsozialismus - die diese selber zum Teil gefordert hatten, wie z.B. Rosenberg - geäußert wurde, niemals aber von den gleichgeschalteten Spießern.[96]

Arendt betont, dass die Massenindividuen keine gemeinsame Welt besitzen. „Mit ihrer Weltlosigkeit verglichen waren die christlichen Mönche weltverhaftet, voller Interesse für weltliche

---

92 Arendt: Elemente und Ursprünge, S. 724.

93 Vgl.: Arendt: Elemente und Ursprünge, S. 721; s.a. Assy: Hannah Arendt – An Ethics of Personal Responsibility, S. 22.

94 Ebd., S. 723.

95 Vgl.: Bozzaro: Hannah Arendt und die Banalität des Bösen, S. 47ff.

96 Arendt: Elemente und Ursprünge, S. 721f.

Angelegenheiten."[97] Sie bekräftigt, dass die Menschen nicht nur das Interesse an sich selbst verloren haben, sondern dass sie auch das Interesse an der ihnen gemeinsamen Welt aufgegeben haben. Gerade der Verlust jeglichen Interesses an der Welt wiegt in ihrer Beurteilung der totalen Herrschaft schwer. Denn das Interesse an der Welt ist für sie das innere Prinzip des politischen Handelns. Nur in der gemeinsamen Aktion, im gemeinsamen Handeln entstehe eine den Menschen gemeinsame Welt. Und Weltlosigkeit ist für sie immer eine Form der Barbarei.[98] Das gemeinsame Handeln der Menschen vor einer Öffentlichkeit, das also, was für Arendt das Charakteristikum der Politik ist, wird also durch die Weltlosigkeit und das an der Massenbewegung orientierte Nicht-Handeln der Menschen zerstört.

Arendt betont, dass die Wurzeln der Gleichgültigkeit in den öffentlichen Angelegenheiten des Lebens und das Desinteresse an allen politischen Fragen nicht allein in der totalitären Bewegung liegen. Das alte Klassensystem hatte für Arendt das Desinteresse an der Politik den Einzelnen schon eingepflanzt. Mit der Zugehörigkeit zu einer Klasse wären die Individuen aufgrund ihres ausschließlichen Klasseninteresses bereits von der Politik abgeschnitten worden. Die Bourgeoisie, die naturgemäß allein den eigenen Sieg im ewigen Konkurrenzkampf um Profitmaximierung im Sinn hat, hat für Arendt daher die Apathie gegen die öffentlichen Dinge schon erzeugt gehabt. Gleichzeitig übersieht Arendt nicht, dass die bürgerliche Klassengesellschaft eng mit der Individualität des einzelnen Bürgers verbunden ist. Sie betont, dass zwar das auf sein eigenes Individuum Zurückgeworfensein dem Interesse an den öffentlichen Dingen entgegensteht, die Individualisierung aber gleichzeitig die Möglichkeiten totaler Herrschaft beschränkt. Mögen die Bourgeois auch in öffentlichen Dingen verantwortungslos sein, sie bleiben doch intakte Individuen.[99] Deshalb kommt für sie die totale Herrschaft auch nicht ohne Kampfansage an die bürgerlichen

---

97 Ebd., S. 679.

98 Vgl.: Arendt: Menschen in finsteren Zeiten, S. 31ff.

99 Arendt: Elemente und Ursprünge, S. 673.

Schichten aus. Erst als die bürgerliche Individualität vernichtet wurde, konnten daher die totalen Bewegungen mit Recht behaupten, die wahren anti-bürgerlichen Parteien zu sein.[100]
Diese Überlegungen veranlassten Hauke Brunkhorst dazu, Arendt in eine gewisse Linie mit der kritischen Theorie Horkheimer und Adornos zu setzten. Ein Gedanke der von Dirk Auer, Lars Rensmann und Julia Schulze Wessel aufgegriffen wurde.[101] Obwohl Arendt eine tiefe Abneigung gegen die Frankfurter Schule empfand,[102] ist dennoch eine Gemeinsamkeit in der Betrachtung der bürgerlichen Gesellschaft und der ihr innewohnenden Gefahren einer totalitären Wende nicht zu übersehen. Arendt zeigt, wie sich die Bedingungen der totalen Herrschaft in der Funktionsweise der modernen Gesellschaft wiederfinden. Durch die voranschreitende Vereinzelung und die fortschreitende Vermassung der Lebenswelten wurde für sie der Totalitarismus erst möglich. „Der Totalitarismus ist ein genuin modernes Phänomen, woraus Arendt freilich nicht im postmodernen Umkehrschluss folgert, die Moderne wäre ihrem Wesen nach totalitär."[103] Die alte Klassengesellschaft war in diesem Sinne für Arendt zum Teil Begünstiger und zum Teil Verhinderer der totalen Herrschaft. Man könnte ihr durchaus den Gedanken einer Dialektik der Moderne zuschreiben.
Allerdings begreift sie, anders als Adorno und Horkheimer nicht die Aufklärung selbst als die Möglichkeit, an der es zur Verhinderung des Totalitarismus festzuhalten gilt.[104] Für Arendt ist dazu einzig

---

100 Ebd., S. 674.

101 Vgl.: Auer/Rensmann/Schulze/Wessel (Hrsg.): Arendt und Adorno. Vgl. zum Thema auch: Canovan: Hannah Arendt, S. 21.

102 Über Adorno schrieb sie nur soviel: "Der kommt uns nicht ins Haus!", Arendt, Hannah: Zit. nach: Young-Bruel: Hannah Arendt, S. 132.

103 Brunkhorst: Hannah Arendt, S. 80.

104 Vgl.: Adorno/Horkheimer: Dialektik der Aufklärung, S. 13: „Wir hegen keinen Zweifel - und darin liegt unsere petitio principii -, daß die Freiheit in der Gesellschaft vom aufklärenden Denken unabtrennbar ist. Jedoch glauben wir, genauso deutlich erkannt zu haben, daß der Begriff eben dieses Denkens, nicht weniger als die konkreten historischen Formen, die Institutionen der Gesellschaft, in die es verflochten ist, schon den Keim zu jenem Rückschritt enthalten, der heute überall sich ereignet. Nimmt Auf-

der Nationalstaat in der Lage. In seinem Zerfall sieht sie einen Grund für das Emporsteigen der totalen Herrschaft.[105] Sie betont, dass durch die Professionalisierung der Politik die Menschen immer unpolitischer wurden, denn nur eine kleine Zahl von Klassenangehörigen war von Beruf mit der Politik verbunden. Durch das letztendliche Zerbrechen des Nationalstaates wären die unpolitischen Massen an die Oberfläche gespült worden, die sich längst unter ihr gebildet hatten. „Potentiell existieren sie in jedem Lande und zu jeder Zeit; sie bilden sogar zumeist die Mehrheit der Bevölkerung auch sehr zivilisierter Länder, nur daß sie eben in normalen Zeiten politisch neutral bleiben und sich damit begnügen ihre Stimme nicht abzugeben und den Parteien nicht beizutreten."[106] Deutlich wird hier, dass wie sich später noch zeigen wird, nicht nur *Über die Revolution* als ein „mahnender Bericht"[107] gedacht war, sondern auch schon in ihrem Totalitarismusbuch kritisch auf die Aktualität eingegangen wird. Denn die Gefahr eines totalitären Umschwungs besteht fort und die Angst vor einem solchen Ereignis wird Arendt ihr übriges publizierendes Leben lang begleiten. Arendt ging aus dem Grund, dass wir auch heute noch in allen Teilen der Welt unter den Bedingungen einer fortschreitenden Vermassung aller gesellschaftlichen Strukturen leben, davon aus, dass diese Gefahr allgegenwärtig sei.

---

klärung die Reflexion auf dieses Rückläufige Moment nicht in sich auf, so besiegelt sie ihr eigenes Schicksal."

105 Das Moment der Entstaatlichung wird später noch genauer behandelt und mit Carl Schmitts Positionen kontrastiert. Vgl. hierzu: Kapitel 3.5. „Entstaatlichung".

106 Arendt: Elemente und Ursprünge, S. 668.

107 Young-Bruel: Hannah Arendt, S. 551.

3.2. Das Ende der Pluralität im singulären Geschichtslauf

Neben dem oben ausgeführten Moment der Zerstörung des Handelns, wird im Totalitarismus zugleich auch die Pluralität vernichtet. Auch in diesem Punkt entwickelt Arendt ihr Verständnis von Politik aus der Zerstörung eines wichtigen Elements der Politik. Für Hannah Arendt kann Politik nur auf der Grundlage der Pluralität bestehen. Dort, wo es keine Pluralität gibt, in einem Raum in dem alle Menschen gleichgeschaltet funktionieren, ist aus Arendts handlungstheoretischer Perspektive jede Möglichkeit, einen Bereich der Politik zu erschaffen, verbaut. Gerade die Erzwingung eines solchen politikfreien, weil auf eine singuläre Ideologie eingestimmten Raumes, entdeckt Arendt in der Ideologie des Totalitarismus. Ausgehend von diesem Befund wird die Wichtigkeit der Pluralität, auf der die Politik beruht, deutlich.

Arendt hebt hervor, dass die totalitären Bewegungen niemals den Versuch unternommen hatten, eine neue, eigene Form einer totalitären Theorie zu entwickeln. Sie hatten niemals vor, „ihre Ideologien auch nur um ein Stückchen selbstgefundenen Unsinns zu bereichern."[108] Eine eigene ideologische Schule, mit dem Zwang, gewisse Dogmen einzuhalten, würde vielmehr einer totalitären Organisation im Wege stehen.

Arendt folgert daraus, dass für die totalitäre Propaganda „nur die eigentümliche Form (...) der unfehlbaren, allwissenden Voraussage"[109] wichtig ist. Ein deutliches Beispiel für die Unfehlbarkeit der propagandistischen Verlautbarungen ist für sie eine Rede Stalins vor dem Zentralkomitee im Jahre 1930. Hier ließ er verlautbaren, dass die innerparteilichen linken und rechten Flügel einer „absterbenden Klasse" angehören würden. Die tatsächliche physische Vernichtung der zur „absterbenden" erklärten Klasse, galt dann nur noch als ein nach unwandelbaren geschichtlichen

---

108 Arendt: Elemente und Ursprünge, S. 762.

109 Ebd., S. 740.

Gesetzen ablaufender Prozess. „Es ist nur eingetreten, was vorausgesagt war."[110]

Die Überlegenheit der totalitären Propaganda liegt für Arendt also darin, dass sie nichts mehr mit hinterfragbaren Meinungen zu tun hat. Für die Mitglieder einer totalitären Bewegung und für die Bevölkerung eines totalitären Staates sei diese Unfehlbarkeit zu einem realen Element ihres täglichen Lebens geworden. Man hatte „in der Tat die ideologischen Klischees in eine ‚lebendige Organisation' verwirklicht."[111] Der totalitären Propaganda ginge es also nicht darum, zu überzeugen, sondern zu organisieren: „Sie ist die Kunst der Machtbildung ohne den Besitz der Machtmittel."[112]

Arendt verweist auf Tocqueville, der früh schon erkannte, dass Massen von Menschen durch den Aberglauben an absolute Systeme, die alle Unvorhersehbarkeiten eliminieren, organisiert werden können. Tocqueville schrieb, dass solche absoluten Systeme „alle Ereignisse der Geschichte von primären großen Ursachen abhängig machen und sie so in eine Kette der Notwendigkeit binden, die es erlaubt, die Menschen gleichsam aus der Geschichte des Menschengeschlechts zu eliminieren."[113]

Die furchtbare Konsequenz der totalitären Propaganda sieht Arendt darin, dass der totalitäre Terror später beweisen wollte, was von der Propaganda behauptet wurde, dass nämlich das Handeln der Menschen in Übereinstimmung mit den außermenschlichen Prozessen, den materialistischen Geschichts- oder den rassischen Naturgesetzen steht.

„Die totalitären Bewegungen brauchen die Ideologien nicht um ihres utilitaristischen Inhalts willen, der sie einstmals zur Waffe im politischen Kampf einer Klasse, eines Volkes, einer Nation machte."[114] Arendt ist überzeugt, dass nur die Form einer verlässlichen Vorhersage und nicht der Inhalt für totale Herrschaft wichtig ist. Es sollte die völlige Eliminierung des Zufalls und der

---

110 Ebd., S. 741.

111 Ebd., S. 809.

112 Ebd., S. 762.

113 Tocqueville zit. nach: Arendt: Elemente und Ursprünge, S. 734.

114 Ebd., S. 740.

Unvorhersehbarkeit bereitet werden. Das Handeln der Individuen oder einzelner Gruppen sollte völlig konform und abgekoppelt von Interessen, mit scheinbar wissenschaftlicher Absolutheit vorhersagbar gemacht werden. Alles soll stimmig und konsequent sein.
Die Ideologie der totalen Herrschaft trenne die Menschen, so Arendt, von überprüfbarer Erfahrung. Sie zerstöre die erfahrbare Realität und sorge dafür, dass der gesunde Menschenverstand ausgeschaltet wird. Es ergebe für die Menschen einfach keinen Sinn mehr, sich an ihrem Verstand festzuhalten. Die völlige Schuldlosigkeit der Angeklagten der kommunistischen Schauprozesse würde daher nur das Bild eines allgemeinen Zustandes vermitteln. „Nur wo der gesunde Menschenverstand seinen Sinn verloren hat, kann ihm totalitäre Propaganda ungestraft ins Gesicht schlagen."[115] Arendt glaubt, dass die Realität durch eine totalitäre Realität, durch eine Fiktion ersetzt wurde.[116]

3.3. Macht, Gewalt und das Ende der Politik

Die Auseinandersetzung mit der Gewalt ist in Arendts politischem Werk von zentraler Bedeutung. Die Gewalt, so könnte man sagen, ist die Grenze, die Arendt zwischen dem Politischen und dem Unpolitischen zieht. Nachgezeichnet werden soll daher, dass in dem Moment, in dem die Gewalt das Wesen einer Herrschaftsform ausmacht, der Politik jede Existenzmöglichkeit geraubt wird.
Die einhellig vertretene Meinung, dass Macht und Gewalt dasselbe seien, wie sie beispielsweise in Webers Definition des Staates, der „ein auf das Mittel der legitimen (das heißt: als legal angesehenen) Gewaltsamkeit gestütztes Herrschaftsverhältnis von Menschen über Menschen"[117] sei, geliefert wird, widerspricht Hannah Arendt konsequent. Zwar gesteht sie ein, dass Gewalt und Macht oft gleich-

---

115 Ebd., S. 747.

116 Ebd., S. 763.

117 Weber: Politik als Beruf, S. 9.

zeitig auftreten, und daher leicht für gleich gehalten werden, dennoch bestehe zwischen beiden nicht nur ein großer Unterschied, sie hält sie sogar für gegensätzlich.
In ihrer im Jahre 1970 zuerst veröffentlichten Auseinandersetzung mit dem politischen Studentenmilieu weist sie auf die Strömungen innerhalb der Bewegung hin, die Abschied von der zunächst als Bürgerbewegung und mit dem Ruf nach „participatory democracy" entstandenen Studentenbewegung nehmen und immer mehr in eine gewaltverherrlichende Theorie abdriften. Insbesondere weist sie auf die führende Rolle Frantz Fanons in der Theoriebildung der Studenten hin, die sich immer mehr von Marx zu Mao hinwenden und mit ihm, im strengen Sinne antimarxistisch, behaupten, dass die Macht aus den Gewehrläufen käme. Der Werdegang Sartres, vom Marxisten zum Maoisten und zu Frantz Fanon könnte man als charakteristisch bezeichnen.[118]
Macht ist für Arendt die menschliche Fähigkeit sich mit anderen Menschen zusammenzuschließen und gemeinsam zu handeln. Sie folgert daraus, dass Macht niemals in den Händen eines Einzelnen, sondern immer in vielen Händen liegt. Gewalt hingegen sei durch Unterwerfung und Passivität geprägt. Sie könne auch von einem Einzelnen gegen die Mehrheit ausgeübt werden. Die aus der Antike stammende Definition der Tyrannis, der gewaltsamen Herrschaft eines Einzelnen über alle Anderen, ist hier Arendts Anknüpfungspunkt. „Der Extremfall der Macht ist gegeben in der Konstellation: Alle gegen Einen, der Extremfall der Gewalt in der Konstellation: Einer gegen Alle."[119] Macht hängt für sie also immer mit der Anzahl der Menschen zusammen, auf die sie Wirkung ausübt. Die Gewalt verlässt sich für Arendt hingegen auf die Werkzeuge, die Gewaltmittel, die zur Verfügung stehen und ist daher von der Zahl der Menschen, die sie ausüben, relativ unabhängig.

---

118 Jean-Paul Sartre schrieb in dem 1961 veröffentlichten Buch Fanons „Die Verdammten dieser Erde", dass „Fanon seit Engels der erste ist, der die ‚Geburtshelferin der Geschichte' (gemeint: die Gewalt) wieder ins rechte Licht setzt." (Fanon: Die Verdammten dieser Erde, S. 13.)

119 Arendt: Macht und Gewalt, S. 43.

Die Behauptung, dass hinter der Macht immer die Gewalt stehe und eine gewaltlose Macht somit machtlos wäre, ist für Arendt falsch. Im engen politischen Sinne, auf den sich Arendt in ihrer Machtdefinition nicht beschränkt, ist die Führung eines Staates immer auf den Gehorsam ihrer Organe, Polizei und Militär, angewiesen. Wenn dieser Gehorsam verschwindet, geht nach Arendt auch die Macht verloren. In einem solchen Zustand vermag scheinbar nur die Gewalt die Situation zu retten. „Nackte Gewalt tritt auf, wo Macht verloren ist."[120] Sie verweist auf Situationen wie den gewaltlosen Widerstand der Inder gegen die britischen Besatzer, in denen die Machtlosigkeit die Niederlage und den Rückzug aus der indischen Kolonie bedeutete, weil die Briten nicht die nackte Gewalt, einen administrativen Massenmord, ernsthaft in Betracht ziehen wollten. Der Preis für einen Sieg in einem solchen Konflikt sei hoch, denn er ist mit dem automatischen Machtverlust verbunden. Arendt folgert daraus, dass Gewalt Macht zerstören kann, aber die Gewalt niemals fähig ist Macht zu erzeugen. „Arendt believed that under certain conditions acts of non-violence could be more effective and potentially more revolutionary than even small-scale violent demonstations."[121]

Gewalt bedeutet für sie also trotz ihrer Möglichkeit Macht zu zerstören nicht zugleich Stärke. Arendt verweist auf Montesquieu, der die auf der Gewalt beruhende Tyrannis für die schwächste Regierungsform erklärte.

Der Punkt, um den es Arendt gelegen ist, liegt tiefer verborgen. Ihr geht es um die Kritik einer Politischen Wissenschaft, in deren Überzeugung es nur um die Frage der Herrschaft geht. Gewalt erscheint aus einer solchen Perspektive nur als ein Mittel der Herrschaft, Einfluss über einen anderen Menschen auszuüben. Gewalt und Macht können so synonym verwendet werden. Arendt wendet sich gegen eine solche Auffassung der Politik, weil so die Politik auf den Bereich der Herrschaft begrenzt wird. Damit würden aber all jene Bereiche der Politik verschwinden, die Arendt wichtig sind: die

120 Arendt: Macht und Gewalt, S. 55.

121 Owens: Between War and Politics, S. 13.

menschlichen Tätigkeiten in ihrer Vielfalt. Macht ist in diesem Sinne für Arendt politisch, Gewalt hingegen in jedem Falle antipolitisch. Obwohl es zumeist zu einer Überschneidung von Macht und Gewalt kommt, die damit im gewissen Sinne eine Einschränkung der Gewalt bedeutet, ändere sich dies, so Arendt, mit der Terrorherrschaft, wie sie das 20. Jahrhundert in Deutschland und der Sowjetunion erlebt hat. In der totalen Herrschaft habe die antipolitische Gewalt vollends über die Macht gesiegt. Eine Terrorherrschaft löse eine Gewaltherrschaft ab, in der die Gewalt an zentraler Stelle steht, aber noch nicht völlig von den Staatsorganen Besitz genommen hat. „Terror und Gewalt sind nicht das selbe"[122] stellt Arendt fest und meint damit, dass es zwar Ziel der Gewalt ist, alle Gegner zu vernichten, aber nicht, wie der Terror, nach deren Vernichtung die zentrale Kontrolle über den Staatsapparat ergreift. Die Gewaltherrschaft trage wesentlich zur Herausbildung der Terrorherrschaft bei, indem sie die Gesellschaft soweit entmachtet, dass sie keiner Opposition mehr fähig ist. Der so vorbereitete Boden einer mit Ohnmacht geschlagenen atomisierten Masse könne von der Terrorherrschaft aufgegriffen und weitergetrieben werden. Dieser Gedankengang tauchte bereits im Totalitarismusbuch auf. Arendt unterscheidet zwischen dem revolutionären Terror, der tatsächliche politische Feinde bekämpft und in die frühe Phase der Sowjetmacht fällt, und dem totalitären Terror, der jeden, unabhängig von objektiver Schuld und subjektivem Schuldbewusstsein, treffen kann. Der totalitäre Terror, so die These des folgenden Abschnitts, ist das innere Wesen der totalen Herrschaft und bedeutet zugleich das Ende der Politik.

---

[122] Ebd., 2003, S. 56.

3.4. Totalitärer Terror

„Aber in ihrem Streben, unter Beweis zu stellen, daß alles möglich ist, hat die totale Herrschaft, ohne es eigentlich zu wollen, entdeckt, daß es ein radikal Böses wirklich gibt und daß es in dem besteht, was Menschen weder bestrafen noch vergeben können." [123]

Arendt sieht sich mit ihrer Beurteilung des Totalitarismus in der bewussten Nachfolge Montesquieus.[124] Montesquieu geht von einem Unterschied und einer Beziehung zwischen dem „Wesen" und dem „Prinzip" eines Staates aus.[125] Das „Wesen" einer Staatsform bestimmt, ob diese beispielsweise eine Monarchie oder eine Republik ist, während das „Prinzip" des Staates das Handeln der Menschen leitet. In der Tyrannis ist das Prinzip, nach dem die Menschen Handeln, die Angst. Diese hat im Totalitarismus, dessen Wesen der Terror ist, ihre Funktion als Handlungsprinzip verloren. Mit dem perfektionierten Terror des totalen Staates, fällt das „Prinzip" der Staatsform ganz und gar weg.
Arendt betont, dass der Terror, den revolutionäre Bewegungen aller Couleurs ausüben, von der Bekämpfung tatsächlicher politischer Gegner geprägt ist. Anders verhalte es sich bei der Bekämpfung von „objektiven Gegnern" mittels des „totalitären Terrors". Arendt erscheint diese Art des Terrors völlig willkürlich. Dem totalitären Terror liege die komplette Auflösung des Schuld-Unschuld-Komplexes zugrunde. Dadurch, dass jeder jederzeit als Feind erkannt und liquidiert werden könne, sind die Gesetze, die in nichttotalitären Gesellschaften eine ordnende Funktion ausüben, in sich ständig wandelnde Bewegungsgesetze transformiert worden.

---

123 Arendt zit. nach: Young-Bruel: Hannah Arendt, S. 292.

124 Kallscheuer: Denken ohne Geländer, in: Grunenberg (Hrsg.): Totalitäre Herrschaft und republikanische Demokratie, S. 21.

125 Vgl. hierzu insbesondere das neunzehnte Kapitel in *Vom Geist der Gesetze*: In: Montesquieu: Vom Geist der Gesetze, Bd. 1, hrsg. v. Ernst Forsthoff, Tübingen 1992.

„Juristisch gesprochen: aus jedem Gesetz ist eine Verordnung geworden."[126]

Die totalitäre Gesellschaft wird für sie im Grunde nur von diesem in alle Bereiche eindringenden Terror regiert. Hannah Arendt beschreibt den Terror als ein „eisernes Band",[127] welches das eigentliche Wesen der totalen Herrschaft ausmacht. Der Terror solle den Angehörigen einer totalen Gesellschaft beweisen, dass ihr Handeln in Übereinstimmung mit den außermenschlichen Prozessen, den materialistischen Geschichts- oder den rassischen Naturgesetzen stehe. Er würde ihnen bestätigen, dass es nicht das Handeln der Menschen ist, welches die Gesellschaft begründet, sondern ein außermenschliches Gesetz. Der „Terror macht die Menschen unbeweglich, als stünden sie und ihre spontanen Bewegungen nur den Prozessen von Natur oder Geschichte im Wege, denen die Bahn frei gemacht werden soll."[128]

Demnach ist der Terror für Arendt nicht ein bloßes Mittel zum Zweck, wie zum Beispiel die Bekämpfung von inneren Feinden zur Erhaltung der Macht, sondern die ständig benötigte Exekution von geschichtlichen oder natürlichen Gesetzen. Der Terror liquidiere jedwede Individualität und organisiere die Menschen so, als gäbe es sie gar nicht im Plural, sondern lediglich als einen einzigen gigantischen Menschen, der dem absoluten Automatismus eines Natur- oder Geschichtslaufes unterworfen ist.

Dieses innere Band der totalen Herrschaft konvergiere, so Arendt, in der Einrichtung der Konzentrationslager.[129] Diese Lager sind für sie die eigentliche zentrale Institution der totalen Herrschaft. Hier wird der Mensch zu einem reinen Reaktionsbündel, zu einem „Ding" degradiert. In den Lagern wird für sie der Beweis erbracht, dass

---

126 Arendt: Elemente und Ursprünge, S. 950.

127 Ebd., S. 978.

128 Ebd., S. 955.

129 Hannah Arendt unterscheidet zwischen dem nationalsozialistischen und dem bolschewistischen KZ. Während die Bolschewisten Arbeitslager errichteten, betrieben die Nazis reine Vernichtungslager. Dieser Unterschied ist einer ums Ganze, da er das unvergleichbare Wesen des Nationalsozialismus nicht in einem Vergleich mit der SU relativiert.

alles möglich ist, dass totale Herrschaft funktioniert. Die Konzentrations- und Vernichtungslager dienten dem totalen Herrschaftsapparat als Laboratorien, in denen experimentiert wird, ob der fundamentale Anspruch der totalitären Systeme, dass Menschen total beherrschbar sind, zutreffend ist. Ziel sei es gewesen, „die Menschen in den gesellschaftlichen Geschichtsstrom so einzufügen, dass er dies automatische Strömen gar nicht mehr hemmen will, sondern im Gegenteil sich selbst zu einem Moment seiner Beschleunigung macht. Die Mittel, mit denen dies geschieht, sind der von außen losgelassene Zwang des Terrors und der von innen losgelassene Zwang ideologisch-stimmigen Denkens."[130]
Für Arendt steht damit fest, dass die totale Herrschaft die Kontinuität abendländischer Geschichte unterbrochen hat. Sie begreift den durch den Totalitarismus losgelassenen Terror als einen absoluten Bruch der menschlichen Tradition. In den KZ ist für Arendt etwas passiert, das absolut unfassbar und nicht verstehbar ist. Etwas vollkommen Neues, das sich jedem Vergleich mit alten Formen politischer Unterdrückung entzieht. Diese Ereignisse sind die schrecklichen Ausnahmen in der von Schrecken nicht armen Geschichte der Menschheit. Sie stellen für Arendt Brüche in der Geschichte der Menschheit dar, weil sie nichts mehr so hinterließen, wie sie es vorgefunden hatten.

---

130 Arendt: Freiheit und Politik, S. 210.

3.5. Entstaatlichung

Dass der Terror sich überhaupt soweit radikalisieren konnte, dass er zu einem Bruch der Zivilisation führte, hing für Arendt eng mit dem Niedergang des Staates zusammen. Wie bereits im Kapitel 3.1. „Die Zerstörung des Handelns" angesprochen, sah Arendt im Nationalstaat, wie er in der Französischen Revolution 1789 entstand, zu dieser Zeit den „einzige(n) wirksame(n) Damm, den die europäische Zivilisation gegen die antistaatlichen, totalitären Bewegungen von Panslavisten, Germanophilen und Nationalsozialisten errichtet hatte".[131] Damit wäre der Nationalstaat auch der einzige Hüter der Politik. Das allerdings würde bedeuten, dass Arendt in ihrer Totalitarismusuntersuchung noch eine andere Auffassung vom Staat hatte als in ihren späten Werken.

Brunkhorst weist zu Recht auf eine spätere Wende in Arendts politischem Werk hin. In *Über die Revolution* erscheint der Nationalstaat nicht mehr als der Hoffnungsträger, wie ihn Arendt in den fünfziger Jahren sah. Vielmehr ist er das kontinentaleuropäische Gegenmodell zum Ideal eines räteorganisierten Republikanismus. Die Erklärung, die Brunkhorst für die spätere Abkehr vom Nationalstaat anbietet, ist schlüssig. Arendt habe, als sie ihr Buch über die Ursprünge und Elemente der totalen Herrschaft geschrieben hatte, noch die Französische Revolution als das republikanische Modell vor Augen. Die Amerikanische Revolution, die, wie sich zeigen wird, für sie die größere und bedeutendere war, hatte sie noch nicht für sich entdeckt.[132] Deutlich wird an dieser Stelle, dass der Staat in Arendts Werken keine konstante Bewertung erfährt. Wurde oben noch argumentiert, dass sie ihr Verständnis der Politik außerhalb des Staates entwickelte, so erscheint der Staat in ihren Überlegungen zum Totalitarismus nun als der Garant der Politik. Mit seiner Zerstörung wurde die Vernichtung der Politik erst möglich. Die Kerninhalte ihres Politikverständnisses hat Arendt, wie oben dargestellt, bereits in der Totalitaris-

---

131 Brunkhorst: Hannah Arendt, S. 52.

132 Vgl.: Ebd., S. 52.

musuntersuchung in Grundzügen beschrieben. Dort waren sie allerdings, im Vergleich zu späteren Werken, enger mit dem Staat verbunden. Insbesondere in ihren Überlegungen zur Amerikanischen Revolution entwickelt sie ein Verständnis von Politik, das weitgehend unabhängig vom Nationalstaat ist.[133]

Der Zusammenbruch des Nationalstaates und die Vernichtung der Politik stehen für Arendt in der totalen Herrschaft in einem engen Zusammenhang. Der Totalitarismus war „the ‚decay of the national state'".[134] Diese Entstaatlichung der Politik ist eine wesentliche, wenn nicht sogar die wichtigste These in Arendts Buch. „Totale Herrschaft, so läßt sich die wichtigste These des Buches in einem Satz zusammenfassen, ist entstaatlichte Politik."[135]

Diese Einschätzung ist zunächst überraschend, da die gängige Sichtweise des Nationalsozialismus auf eine vermeintliche Potenzierung des Staates hinausläuft. Im Nationalsozialismus würden, ganz im Gegensatz zu Arendts Sichtweise, alle privaten Bereiche politisiert.[136] Doch von seinen Ursprüngen her begreift Arendt die totale Herrschaft als eine Zersplitterung der Staatlichkeit.

Das den Imperialismus behandelnde zweite Kapitel des Buches dreht sich um den Zerfall des Nationalstaates und zeichnet seine Geschichte nach. Arendt sieht keine zwangsläufige Entwicklung des Imperialismus zur totalen Herrschaft, sondern sie begreift die totale Herrschaft vielmehr als eine Folge von unglücklichen Umständen, die auf den Imperialismus trafen. Diese unglücklichen Umstände fanden sich in der Zeit nach dem ersten Weltkrieg in Europa wieder. Ganz im Sinne der Imperialismustheorie Rosa Luxemburgs, die behauptet, dass die kapitalistische Akkumulation auf immer neue nicht-kapitalistische Gebiete ausweichen muss, dass also, mit Marx gesprochen, die ursprüngliche Akkumulation nicht abgeschlossen ist, sondern sich in immer neuen Gegenden der Welt wiederholt, definiert Arendt den Imperialismus als ein alle Grenzen sprengendes, verselbständigtes Prinzip. Bereits in dieser

---

133 Vgl. hierzu: Kapitel 4. „Die Betrachtung der Revolution als Ausnahme".

134 Canovan: Hannah Arendt, S. 31.

135 Brunkhorst: Hannah Arendt, S. 53.

136 Vgl. z.B.: Mommsen (Hrsg.): Herrschaftsalltag im Nationalsozialismus.

Grenzenlosigkeit des Imperialismus wird für sie die Staatlichkeit angegriffen, hat diese doch die Begrenzung der Gewalt auf den Bereich der Nation und die statische Erhaltung der Macht zum Inhalt. Der Imperialismus beinhalte schon die Idee, die gesamte Welt zu regieren, die später auch die totale Herrschaft in Anspruch nahm. „Arendts contrasts this nation-state system with the dreams of world-domination characteristic of totalitarian rule."[137]

Als eine Folge dieses imperialistischen Prozesses zitiert sie Rudyard Kiplings Satz: „Wenn alle tot sind, ist das Große Spiel vorbei; vorher nicht."[138] Dass seine düstere Prophezeiung nicht eintraf, sei einzig dem Umstand geschuldet, dass „der Nationalstaat auf die Schranken der Verfassung stieß".[139]

Deutlich wird die These vom Ende des nationalstaatlichen Zeitalters bereits in dem von ihr ausführlich untersuchten Element des Antisemitismus. Arendt weist darauf hin, dass beide Elemente, Antisemitismus und Imperialismus, dem Nationalismus diametral entgegengesetzt sind. Bereits nach dem Börsenkrach von 1873 hätten die neu entstandenen antisemitischen Parteien den antinationalen Impuls, der später im Totalitarismus seine volle Virulenz entfaltete, ausgebildet. „Mit ihrem Anspruch, über den Parteien zu stehen, gaben die Antisemitenparteien deutlichst kund, dass sie die Absicht hatten, die Macht zu ergreifen, sich des Staatsapparates zu bemächtigen, das parteipolitisch neutrale Staatsbeamtentum zu liquidieren und ihre Parteimitglieder an seine Stelle zu setzten. Hier finden wir die erste klare Kampfansage an den Nationalstaat, wie wir sie später unter dem Namen der faschistischen Bewegung in ganz Europa kennen."[140] Der Imperialismus hat für Arendt dann das vollendet, was die Antisemiten beginnen, aber nicht vollbringen konnten. Er stürzte den Nationalstaat europaweit in eine tiefe Krise.

---

137 Canovan: Hannah Arendt, S. 32.

138 Arendt: Elemente und Ursprünge, S. 278.

139 Ebd., S. 278.

140 Arendt, zit. nach: Vowinckel: Geschichtsbegriff und historisches Denken bei Hannah Arendt, S. 73.

Die neu aufgekommene Ideologie des Rassismus,[141] ein Kind der imperialistischen Expansion, musste die alten Ideologien ersetzten, denn eine Nation könne „keine Reiche gründen, weil ihre politische Konzeption auf einer historischen Zusammengehörigkeit von Territorium, Volk und Staat beruht."[142]
Arendt macht auf die Rolle der herrschenden Klassen Europas aufmerksam, die diese neue Bewegung unterstützten und sich so am Untergang der alten Einheit von Volk, Staat und Territorium beteiligten. Um die Lücke zwischen Nationalismus und Imperialismus zu schließen, hätte man sich der neuen Ideologie des völkischen Nationalismus bedient. Sie weist darauf hin, dass dieser nicht mehr auf ein Staatsvolk im alten Sinne angewiesen war, sondern als treibende Kraft eines Pan-Gedankens den Imperialismus vorantreiben konnte.
In der totalitären Herrschaft wird später diese antietatistische Politik ihre volle Entfaltung finden. Deutlich macht Arendt die antistaatliche Stoßrichtung des Totalitarismus in der Abgrenzung zum Faschismus, den sie ganz explizit nicht als totalitär einstuft. Während sich in Italien die faschistische Partei dem „ethischen Staat" unterordnen musste, so war dies für den „Weltanschauungsstaat", der der nationalsozialistischen Bewegung untergeordnet war, undenkbar. Adolf Hitler fasste auf dem Nürnberger Parteitag von 1935 dies in der Formel: „es ist nicht der Staat, der uns befiehlt, sondern wir befehlen dem Staat"[143] zusammen. Mussolini hingegen, der die Partei gern das „geistige Gewissen des Staates" nannte, erklärte in dem Artikel „Lehre des

---

141 Canovan weist zu Recht auf den oft vernachlässigten Fakt hin, dass Arendt zwei Elemente in die Betrachtung des Rassismus einbezieht. Der Rassismus wird nicht nur als ein Element des Totalitarismus kritisiert, sondern auch als eine (verständliche) Reaktion der zivilisierten Europäer auf die Konfrontation mit den „wilden" Ureinwohnern Afrikas und Australiens gesehen, „that they behaved like a part of nature (...) that they had not created a human world." Arendt, zit. nach: Canovan: Hannah Arendt, S. 38.

142 Arendt zit. nach: Vowinckel: Geschichtsbegriff und historisches Denken bei Hannah Arendt, S. 74.

143 Arendt: Elemente und Ursprünge, S. 868.

Faschismus": „So ist denn für den Faschisten alles im Staat und besteht nichts Menschliches oder Geistiges, geschweige denn hat Wert, außerhalb des Staates."[144] Goebbels verzeichnete in seinen Tagebüchern, dass Mussolini kein „Revolutionär wie Hitler oder Stalin" sei, dass ihm die Fähigkeit eines „Weltrevolutionärs" fehlen würde, da er viel zu sehr an das italienische Volk gebunden sei.[145]
Die totalitäre Organisierung der Herrschaft ist nicht mit der eines despotischen Staates oder einer reinen Parteidiktatur vergleichbar. Für die totalitären Bewegungen ist nicht so sehr die Eroberung der Staatsgewalt und die Ausschaltung aller politischen Oppositionsparteien wichtig, sondern vielmehr die Entwicklung ihrer Herrschaft in einer totalen *Bewegung*. Hierin unterscheidet sich die totale Herrschaft von der einer Parteidiktatur. Eine solche erobert den Staat, besetzt alle wichtigen Posten des Staates mit Getreuen und leitet so eine Verschmelzung von Staat und Partei ein. Arendt bemerkte, dass totalitäre Herrscher vor einer solchen Verschmelzung zurückschrecken, da die revolutionäre Dynamik der ständig in Bewegung bleibenden totalitären Gesellschaft absterben würde.[146]

---

144 Mussolini zit. nach: Friedrich/Brzezinski: Totalitäre Diktatur, S. 172

145 Vgl.: Arendt: Elemente und Ursprünge, S. 664.

146 Vgl.: Ebd., S. 816.

3.6. Entstaatlichung bei Carl Schmitt

Arendt begreift den Nationalsozialismus also als eine entstaatlichte Herrschaftsform. In dieser These trifft sie sich mit Carl Schmitt, obwohl sie in weiten Teilen in diametralem Gegensatz zu Schmitt steht. So unterscheidet sich nicht nur Schmitts politisch-theologischer Ansatz von Arendts eher politisch-handlungstheoretischer Deutung,[147] auch in der Bewertung des Phänomens der Entstaatlichung stehen sich Arendt und Schmitt entgegen. Es ging Schmitt vorwiegend um die Delegitimisierung des an der Legalität orientierten europäischen Rechtsstaates. In diesem Sinne begrüßte er in seinen Souveränitätsvorstellungen während des Dritten Reiches die Entmachtung des Staates. Gerade dieses Anliegen machte Schmitt für Arendt zu einem jener „Nazi-Juristen(...), (die) die Auflösung aller staatlich-rechtlichen Strukturen in den reißenden Fluss der totalitären Bewegung aktiv betrieben und polemisch unterstützt"[148] haben.

Schmitt weist darauf hin, dass der Gedanke von Staat und Souveränität erstmals in den konfessionellen Bürgerkriegen Frankreichs entstanden ist. Jean Bodin entwickelte, in der legalistischen Tradition seines Landes stehend, die erste Definition der Souveränität in seinem Werk „Six livres de la République". Der Staat ist demnach erst im 16. Jahrhundert in Frankreich als eine territorial geschlossene Einheit, als eine neue Raumordnung, die durch spezifische Organisationsmittel der einheitlichen Staatsgewalt geprägt ist, entstanden.

Schmitt bemängelt eine allenthalben herrschende Vorstellung eines „ewigen Staates", der bereits in die Polis der Griechen und die römische Republik projiziert wird. So etwas wie einen „antiken

---

147 Vgl.: Brunkhorst: Hannah Arendt, S. 63.

148 Ebd., S. 62. Freilich versuchte sich Schmitt nach dem Nationalsozialismus in einem anderen Licht darzustellen. So schrieb er, dass „die damalige Formation des Hitler-Regimes (...) den Staat zu einem Instrument oder einer Waffe zu entwerten (suchte)." (Schmitt: Staat als konkreter, an eine geschichtliche Epoche gebundener Begriff, in: Ders.: Verfassungsrechtliche Aufsätze, S. 384.)

Staat" gibt es nach Schmitt nicht. Auch das Mittelalter war in diesem Sinne für ihn noch eine staatenlose Zeit. Er weist mit Nachdruck auf die „durchaus zeitgebundene, geschichtlich bedingte, konkrete und spezifische Organisationsform" des Staates hin, der „wahrscheinlich mit dem Zeitalter der Staatlichkeit selbst bald ein Ende nehmen"[149] wird. Er begreift die Staatlichkeit als eine Epoche, deren Ende bereits unvermeidlich schien, als die Nationalsozialisten die Macht erlangten. Er besteht in seiner späten Schrift *Politische Theologie II* daher auch darauf, „eine Verfassungslehre und keine *Staatslehre*"[150] zu betreiben.

Am deutlichsten wird dieser Ansatz in der Schrift „Staat, Bewegung, Volk" von 1933.[151] Aber bereits im Begriff des Politischen relativiert Schmitt, so Christoph Schönberger,[152] den Begriff des Staates gegenüber dem des Politischen. „Der Begriff des Staates setzt den des Politischen voraus",[153] Schmitts erster Satz in seiner Schrift ist nicht nur seine Eröffnungsformel, sondern auch als eine Antwort auf die *Allgemeine Staatslehre* des Kaiserreichs zu verstehen. Georg Jellinek, als bedeutendster Repräsentant dieser Disziplin, schrieb im Jahre 1900: „‚Politisch' heißt ‚staatlich', im *Begriff des Politischen* hat man bereits den Begriff des Staates gedacht."[154] Schmitt kehrte das von Jellinek gedachte Verhältnis einfach in sein Gegenteil um. Der Staat ist nunmehr vom Politischen abhängig, nicht umgekehrt. Schmitt, der die Möglichkeit der Entthronung des Staatsbegriffes im *Begriff des Politischen* zwar nur andeutet, zieht sogar die völlige Trennung der beiden Begriffe in Betracht. So könnte das von der Unterscheidung zwischen Freund und Feind geprägte Politische auch anders als durch den Staat sich

149 Ebd., S. 376.

150 Schmitt: Politische Theologie 2, S. 25.

151 Im Folgenden wird vor allem auf „Staat, Bewegung, Volk" Bezug genommen, da sich Arendt explizit auf diese Schrift in ihrer Auseinandersetzung mit der Entstaatlichung bezogen hat.

152 Schönberger: Staatlich und Politisch, in: Mehring: Der Begriff des Politischen, S. 21ff.

153 Schmitt: Begriff des Politischen, S. 20.

154 Jellinek: Allgemeine Staatslehre, zit. nach: Schönberger: Staatlich und Politisch, in: Mehring: Der Begriff des Politischen, S. 21.

verwirklichen. Etwa in den von Schmitt später propagierten neuen politischen Ordnungen der Großräume. „Im *Begriff des Politischen* verabschiedet Schmitt sich (vom Staat) aber noch nicht zu Gunsten anderer Räume, Ordnungsformen oder Gemeinschaften",[155] vielmehr ging es ihm darum, dass der Staat sich durch einen Rückbezug auf das Politische erneuert, denn nur dieser könne „das Problem der politischen Einheit des Volkes"[156] lösen. „Der *Begriff des Politischen* trennt daher in einem ersten Schritt das Politische vom Staat und bringt es dann in einem zweiten Schritt sogleich wieder mit ihm in Verbindung."[157] Der Staat, so seine Diagnose, befindet sich in einer Krise, die aber nicht zwingend sein Scheitern bedeuten muss. Dies, so Schönberger, dürfe seinerseits aber nicht zu der Annahme führen, dass es, wie Ernst-Wolfgang Böckenförde meint,[158] Schmitt um eine Verteidigung des staatlichen Politikmonopols ging. „Tatsächlich lässt sich aber auch behaupten, Schmitt habe sich bereits 1932 gegen den Staat und für das Politische entschieden, indem er letzterem eine beinahe ontologisch bestimmte Sphäre jenseits des Staates zuschrieb."[159]

Ganz im Gegensatz zu Ernst-Wolfgang Böckenförde, der Schmitts Verfassungsbegriff zu entschärfen versucht, indem er von einer etatistischen Auffassung der Souveränität bei Schmitt ausgeht,[160] spricht auch Mehring von einem „etatistischen Missverständis des Verfassungsbegriffs"[161] und weist auf den im Begriff des Politischen schon angelegten Vorrang des Politischen vor dem Staat hin.

Schmitts Doppelgleisigkeit im *Begriff des Politischen*, die auf eine Nichtklärung des Verhältnisses von Staat und Politik hinweist, verändert sich mit Beginn der nationalsozialistischen Herrschaft. Ent-

155 Ebd., S. 22.

156 Schmitt: Begriff des Politischen, S. 54.

157 Schönberger: Staatlich und Politisch, in: Mehring: Der Begriff des Politischen, S. 23.

158 Vgl. hierzu: Böckenförde: Der Begriff des Politischen als Schlüssel zum staatsrechtlichen Werk Carl Schmitts, in: Quaritsch, Helmut (Hrsg.): Complexio Oppositorum, S. 283ff.

159 Gross: Carl Schmitt und die Juden, S. 310.

160 Vgl. auch: Mehring: Carl Schmitt zur Einführung, S. 45.

161 Mehring: Carl Schmitt zur Einführung, S. 43.

gegen seiner etatistischen Theorie im Frühwerk[162] verabschiedet er seit den Dreißiger Jahren zunehmend den Staatsbegriff; „sein Werk löst das Verständnis des Politischen nun bis hin zur *Theorie des Partisanen* von allen Restbezügen auf den Staat ab";[163] so dass „der Begriff des Staates (...) den Begriff des Politischen nicht länger (voraussetzt), weil das Politische staatenlos geworden ist."[164]
In „Staat, Bewegung, Volk" dokumentiert Schmitt sein bedingungsloses Eintreten für das neue nationalsozialistische Staatssystem. Im Folgenden soll nicht diskutiert werden, ob Schmitts Nazischriften der eigentliche Kern seines Werkes sind und alle Schriften zuvor auf diese Zeit zulaufen, alle danach noch von dieser Zeit beeinflusst sind, wie es Raphael Gross[165] nachzuweisen versucht, oder ob Schmitt nie ein wirklicher Nationalsozialist gewesen ist, wie es Quaritsch nahelegt, wenn er schreibt: „Wer zu Wölfen reden will, muß mit den Wölfen heulen",[166] oder ob es sich um seine Schriften in der Zeit von 1933-1945 um die dunkle Seite eines ansonsten diskutablen Theoretikers handelt, wie es wohl die meisten seiner Interpreten verstehen. Vor allem geht es im Folgenden um die Rolle, die Schmitt dem Staat im Nationalsozialismus zuordnete. Neben seinen perfiden Lobreden auf die nationalsozialistische Judenpolitik, die u.a. „das deutsche Beamtentum von fremdgearteten Elementen gereinigt und dadurch als Stand wiederhergestellt"[167] habe, ist vor allem seine Position zur Rolle des Staates in seinen Nazi-Kampfschriften interessant. So lobt er, dass das „gesamte öffentliche Recht des heutigen Staates auf eigenem Boden"[168] stehe und sich deutlich vom Weimarer System unterscheide, welches sich aus eigener Schwäche und „bis zum Selbstmord gehende(r) Neutralität, Gleichheit, d.h. Nichtunterscheidung von Staatsfeind

162 Vgl. dazu z.B.: Schmitt: Der Wert des Staates und die Bedeutung des Einzelnen. Auch: Quaritsch: Positionen und Begriffe Carl Schmitts, S. 38.

163 Schönberger: Staatlich und Politisch, in: Mehring: Der Begriff des Politischen, S. 33f.

164 Ebd., S. 44.

165 Gross: Carl Schmitt und die Juden.

166 Quaritsch: Positionen und Begriffe Carl Schmitts, S. 79.

167 Schmitt: Staat, Bewegung, Volk, S. 32.

168 Ebd., S. 5.

und -freund, von Volksgenossen und Artfremden"[169] auszeichne. Die neue dreigliedrige Organisation des Staates in „Staat, Bewegung, Volk" unterscheide sich „von dem aus dem 19. Jahrhundert übernommenen liberal-demokratischen Staatsschema von Grund auf".[170]
Die „Liberaldemokratie" sei von einem einfachen Gegensatz zweier Glieder geprägt. Dem Gegensatz zwischen dem Staat auf der einen Seite und der Gesellschaft, der individuellen Freiheit, der freien Einzelperson, der unpolitischen und unkontrollierten Privatsphäre auf der anderen Seite. Dieser bipolare Gegensatz durchzieht nach Schmitt die gesamte bürgerliche Epoche mitsamt ihrer „Ideologie", ein für Schmitt typisches und spezifisches Wort des liberalen 19. Jahrhunderts. Charakteristisch dafür sind Entgegensetzungen wie Recht und Macht, Recht und Staat, Recht und Politik, Geist und Macht, Geist und Staat, Individuum und Gemeinschaft, Staat und Gesellschaft usw. usf.[171] Gerade jene Gegenüberstellung von Recht und Staat stehe charakteristisch für den machtlosen bürgerlichen Staat. Die Überwindung der Einschränkung der politischen Macht des Staates durch den „Vorrang des Gesetzes", verankert in dem Prinzip der Gewaltenteilung und dem Gedanken, dass die nichtstaatliche Gesellschaft durch die Justiz den politischen Staat beschränken könne, zählt für Schmitt zu den wichtigsten Errungenschaften der „nationalsozialistischen Revolution".
Das zweigliedrige System der liberalen Demokratie, Schmitt hat immer Weimar vor Augen, sei ein wehrloser Bürokratenstaat, der im Ausnahmefall sang- und klanglos untergehen müsse. Der bürgerliche Verfassungsstaat rechne überhaupt nicht mit dem Fall einer Ausnahme, er gehe vielmehr immer nur von der einfachen Gegenüberstellung von Staat und Gesellschaft aus. Aus diesem Grund sei er den starken, aus der Gesellschaft kommenden, aber „durchaus politischen Verbänden"[172] schutzlos ausgeliefert. Er habe zwar ein „ganzes Gebäude von Rechtsschutzmitteln und -

169 Ebd., S. 5f.
170 Ebd., S. 11.
171 Ebd., S. 22.
172 Ebd., S. 24.

einrichtungen (aufgebaut), um die hilf- und schutzlose, arme, isolierte Einzelperson vor dem mächtigen Leviathan ‚Staat' zu schützen",[173] aber jeder Versuch gegen „Staatsfeinde"[174] vorzugehen, würde den liberal-demokratischen Staat und sein System sprengen. Dieser Staat „vermag nur Legalität und Illegalität, im übrigen aber weder Recht und Unrecht, noch Freund und Feind zu unterscheiden."[175]

Gegen das zweigliedrige System der liberalen Demokratie, das sich aus Staat und Volk zusammensetzt, stellt Schmitt das dreigliedrige nationalsozialistische Staatsmodell, bestehend aus Staat-Bewegung-Volk. In diesem kommen dem Staat und dem Volk grundsätzlich andere Bedeutungen zu, die er mit dem Wort „Einheit" auf den Punkt bringen will. Einem Körper, der alle Gegensätze in sich zu fassen mag, ohne dabei zu Grunde zu gehen, wie dies die liberale Demokratie bei einem solchen Versuch zwangsläufig würde. Den Idealtypus einer solchen Organisation vermag Schmitt in der Auffassung der katholischen Kirche als einer *complexio oppositorum* zu sehen.[176]

War der Staat in der Demokratie von einem Beamtentum bestimmt, welches in Interessengruppen organisiert war, so wäre der „Beamte (...) jetzt Volksgenosse in einer auf Artgleichheit beruhenden politischen Einheit".[177] Der Hegelsche Beamtenstaat des 19. Jahrhunderts sei passé, Hegel sei - und Schmitt verbeugt sich dennoch wie zu dieser Zeit üblich, vor der Größe des Hegelschen Geistesbaues, am 30. Januar 1933 - „so kann man sagen, (...) gestorben."[178]

Das dreigliedrige System des Nationalsozialismus ist eine strikte Einheit, ein Dreiklang, „in dem Staat, Bewegung, Volk unterschieden, aber nicht getrennt, verbunden, aber nicht verschmolzen

---

173 Ebd., S. 24.

174 Gemeint sind damit in der Schaffenszeit zwischen 1933 und 1945 vor allem Kommunisten und „Artfremde". Vgl. z.B.: Ebd., S. 25.

175 Ebd., S. 26.

176 Vgl.: Schmitt: Römischer Katholizismus und politische Form, S. 11.

177 Schmitt: Staat, Bewegung, Volk, S. 17.

178 Ebd., S. 32.

sind."[179] In diesem Modell spielt der Staat nur noch eine Verwaltungsrolle. Zwar wendet Carl Schmitt sich dagegen, die Elemente Staat, Bewegung, Volk gegeneinander auszuspielen, aber er besteht auf der herausragenden Rolle, die die Bewegung im Nationalsozialismus spielt. „Die Bewegung (...) ist sowohl Staat wie Volk, und weder der heutige Staat (...), noch das heutige deutsche Volk (...) wären ohne die Bewegung auch nur vorstellbar".[180] Diese sei das innere Prinzip, ohne das es weder das Volk noch den nationalsozialistischen Staat geben könne.[181]

Es geht Schmitt vor allem um die Herausstellung des neuen, sich von den liberalen Staatsvorstellungen abgrenzenden Modells des Politischen im nationalsozialistischen Deutschland. Das Politische begreift er nun in einer Einheit aus den Elementen Staat, Bewegung und Volk. Wie oben dargestellt, spielt dabei die Bewegung und ihr führendes Organ, die NSDAP, die entscheidende Rolle, während der Staat auf einen engen Entscheidungsrahmen begrenzt wird. Entschieden wendet sich Schmitt gegen die bürgerliche Vorstellung des Staates, als eines Beamten- und Behördenstaates, der mittels abstrakter Verwaltung das Politische bestimmt. Der Staat sei dieser Rolle beraubt und zu einem Teil der politischen Einheit geworden. Der Beamtenstaat sei abgeschafft, was nunmehr bedeute, dass „das Politische nicht mehr vom Staate her", sondern „der Staat vom Politischen her bestimmt werden"[182] müsse.

Er wendet sich insbesondere gegen rechtswissenschaftliche Vorstellungen der positivistischen Rechtsschule „artfremder Theoretiker und Schriftsteller",[183] Juden und „Talmudisten"[184] also, die er in seinem liberalen Erzfeind Hans Kelsen am deutlichsten zu entdecken meint. Diese könnten Recht nur als Inbegriff der Regeln

---

179 Ebd., S. 21.

180 Ebd., S. 12.

181 Ein Punkt, der ihn, so Franz Neumann, in Schwierigkeiten mit den NS-Ideologen brachte. Diese sahen im dreigliedrigen System die Rolle des Volkes als viel zu gering an. (Vgl.: Neumann: Behemoth, S. 94.)

182 Schmitt: Staat, Bewegung, Volk, S. 15.

183 Ebd., S. 13.

184 Ebd., S. 43.

staatlichen Handelns begreifen. Gegen eine solche „Entpolitisierung“[185] durch die „Herrschaft der Rechtsnorm“[186] wendet er sich, wenn er bemängelt, dass „alles Recht (...) dadurch in einem besonderen Sinne ‚Staatsrecht‘, und umgekehrt alle Staatstätigkeit ‚Recht‘, d.h. Normenvollzug des an Normen gebundenen staatlichen Behördenapparates“[187] sei.

Auch wenn Schmitt immer wieder vom „starken Staat“ redet, der die Unsicherheit und den Zwiespalt des Parlamentarismus überwinden müsse, ist seine Schrift dennoch nicht als etatistisch einzustufen. Das was Schmitt „starken Staat“ nennt, ist vielmehr kein Staat, sondern, wie er selber sagt, ein „von oben bis unten und in jedem Atom seiner Existenz von dem Gedanken des Führertums beherrscht(es) und durchdrungen(es)“[188] Prinzip.

Für Arendt ist gerade Schmitts Schrift „Staat, Bewegung, Volk“ wichtig und sie zitiert diese an mehreren Stellen in ihrer Untersuchung zum Totalitarismus.[189] Sie zieht seine Positionen zum nationalsozialistischen Staat als den Nachweis der Übernahme der Staatsfeindlichkeit von den Pan-Bewegungen durch die Nationalsozialisten heran. Diese haben „alle von dem Nationalstaat vorgezeichneten Gehalte rücksichtslos aufgegeben (...) denn ‚die Bewegung ist sowohl Staat wie Volk und weder der heutige Staat (...) noch das heutige Volk wären ohne die Bewegung auch nur vorstellbar.“[190]

185 Ebd., S. 16.
186 Ebd., S. 16.
187 Ebd., S. 16.
188 Ebd., S. 33.
189 Vgl.: Arendt: Elemente und Ursprünge, S. 558, S. 552 & S. 531.
190 Arendt: Elemente und Ursprünge, S. 558.

3.7. Staat gegen Bewegung, Arendt gegen Schmitt

Schmitt befand sich bekanntlich in einem selbst gewählten Kampf mit den Prinzipien Weimar (Parlamentarismus) - Genf (Völkerbund) -Versailles (Friedensvertrag). Deutlich ist seine Schrift „Staat, Bewegung, Volk" gegen das demokratische und parlamentarische System Weimars gerichtet. Weimar verkörpert für Schmitt Schwäche, sogar Unfähigkeit, Souveränität zu binden. Der liberaldemokratische Staat ist für ihn hilflos und entscheidungslos, er ist in diesem Sinne der in der Liberaldemokratie herrschende Beamtenstaat, der durch die Gesellschaft und die Justiz kontrolliert und daher unfähig zur Entscheidung ist. Gegen diesen Un-Souverän führt er ein neues Modell, einen Dreiklang aus Staat-Bewegung-Volk an, welcher durch seine Homogenität die Pluralität und Schwäche der Demokratie überwindet. Der Staat als die Verwaltungseinheit, die er in der Demokratie verkörpert, soll nach Schmitt in diesem Dreiklang aufgelöst werden. Die Bewegung unter der souveränen Führung einer Partei und dem strengen Führerprinzip ist für ihn die entscheidende Triebkraft des Deutschen Reiches. Die neue Verfassung des nationalsozialistischen Deutschlands sei demnach eine vom Staat im bürgerlichen Sinne weitestgehend befreite Organisationsform.

Arendt begreift den Totalitarismus, wie oben dargestellt, ebenso wie Schmitt den Nationalsozialismus als eine Überwindung des alten bürgerlichen Nationalstaates. Sie hebt hervor, dass alle staatliche Kontinuität in den reißenden Strom der totalitären Bewegungsgesetze gezogen wurde. Der Staat ist ein statisches Prinzip und gerade ein solches sei für die nationalsozialistische Bewegung ein zu überwindendes Hindernis. Arendt begreift also den Nationalsozialismus, wie Schmitt, als ein Projekt zur Überwindung des Staates, der immer auch ein Produkt der bürgerlichen Epoche war.

Im diametralen Gegensatz zu Schmitt fällt allerdings die Beurteilung dieser Tendenz zur Entstaatlichung aus. Während Schmitt die Überwindung Weimars und des Parlamentarismus begrüßte und unterstützte, sah Arendt mit dem Niedergang des Nationalstaates auch die Möglichkeit schwinden, dass der totalitären Bewegung Einhalt geboten werden könne. Der Nationalstaat war für Arendt die Bastion gegen die totalitäre Bewegung,[191] sein Ende bedeutete auch das Ende der Politik. Durch das Scheitern der Macht des Staates hat sich die antipolitische Gewalt des Totalitarismus freie Bahn gebrochen. Die totale Herrschaft ist für sie, wie gezeigt, eine antipolitische Bewegung. Gerade aus diesem Grund musste sie den Nationalstaat, der zu dieser Zeit für Arendt der Erbe der großen Französischen Revolution war - die Amerikanische Revolution und der Republikanismus als Gegenmodell waren noch nicht in ihr Blickfeld gerückt - als Garant der Politik vernichten. Entstaatlichung ist für Arendt somit ein Ausdruck der Entpolitisierung.

Schmitt hingegen begreift den Zusammenhang von Staat und Politik genau umgekehrt. Für ihn ist erst mit dem Ende der Staatlichkeit der Kern der Politik freigelegt. Das Politische ist nicht mehr vom Staate her zu begreifen, sondern umgekehrt, der Staat ist vom Politischen her bestimmt.[192] Politische Macht kann immer nur in einer Einheit bestehen, in der sich auch der Staat unterordnen muss. Wenn, wie in der liberalen Demokratie, dem Souverän Schranken gesetzt werden, oder gar das für die Demokratie wesentliche Prinzip des „Vorrangs des Gesetzes" herrscht, ist Politik nicht möglich. Politik und Pluralität schließen sich für Schmitt aus, während sich Politik und Pluralität für Arendt gegenseitig bedingen.

---

191 Zumindest trifft das auf die Zeit zu, in der sie die *Elemente und Ursprünge* schrieb.

192 Vgl.: Schmitt: Staat, Bewegung, Volk, S. 15.

4. Die Betrachtung der Revolution als Ausnahme

So wie sich Arendt in der Auseinandersetzung mit der Sozial- und Politikwissenschaft und in ihren Überlegungen zum Ende der Politik in der totalen Herrschaft gegen eine wissenschaftliche Orientierung an der Normalität wendet und sich mit Brüchen in der politischen Tradition beschäftigt, stellen auch ihre Überlegungen zur Amerikanischen Revolution eher eine Auseinandersetzung mit der Ausnahme als mit der Normalität dar. Es wird daher im folgenden Kapitel der Frage nachgegangen, ob eine Revolution eine Ausnahmesituation darstellt und ob dies der Grund ist, warum sich Arendt mit einer solchen beschäftigt.

Wladimir Iljitsch Lenin hatte eine Prognose geäußert, die Hannah Arendt mehrmals in ihrem Werk heranzieht,[193] dass nämlich das zwanzigste Jahrhundert von Revolutionen und Kriegen geprägt sein wird. Die Geschichte beeilte sich, um Lenin Recht zu geben.

Die größte und bedeutendste Revolution in der Geschichte der Neuzeit war die Französische Revolution. Unter ihrem Einfluss stand die Oktoberrevolution Lenins, und bis heute sind ihre Wirkungen erkennbar. Was lag also näher, als sich mit diesem eruptiven Ereignis des achtzehnten Jahrhunderts auseinanderzusetzen, um die Neuzeit zu verstehen, insbesondere mit einem komparativen Blickwinkel auf die Amerikanische Revolution.

Arendt ging es in ihrer Untersuchung *Über die Revolution* nicht um die historisch einwandfreie Darstellung der historischen Tatsachen der Amerikanischen und Französischen Revolution, sondern vielmehr darum, welche Bedeutung die Revolutionen für den Bereich der Politik haben. So spricht sie von einem „Geist der Revolution“, den es zu entdecken und zu bewahren gilt. Ein Umstand, der viel Kritik an ihrem Buch hervorrief. Der britische Historiker E.J. Hobsbawm kritisierte Arendt, dass es in ihren Überlegungen keinen Punkt gibt, an dem Hannah Arendts Vorstellung dessen, was sie für die entscheidenden Institutionen innerhalb der revolutionären Tradition hält, die wirkliche historische Phänomene

193 Arendt: Macht und Gewalt, S. 7. & Arendt: Über die Revolution, S. 9.

berührt.[194] Habermas machte ihr zum Vorwurf, dass sie gar die Geschichte zweier Revolutionen erfunden habe, um Aristoteles Trennung von Politik und Geschichte zu beweisen.[195]
Die Frage, ob Hannah Arendt tatsächlich historische Fehler in ihre Überlegungen einbaute, gar mit Absicht, wie ihr unterstellt wurde, oder nicht, ist in gewisser Hinsicht irrelevant. Denn es ging ihr nicht um eine Geschichtsschreibung der Amerikanischen und Französischen Revolution, sondern um eine politische Betrachtung dessen, was sie den „Geist der Revolution" nannte. Ein fast metaphysischer Begriff, der ihre Biographin Young-Bruel dazu veranlasste, *Über die Revolution* eine „politische Fabel"[196] zu nennen. „From the point of view of political theory, however, such objections are less powerful, because, like Burke on the French Revolution, Montesquieu on the British Constitution or Tocqueville on America (all of whom she greatly admire) she was less interested in writing history than in presenting a model of the political possibilities and dangers of her time."[197]

---

194 Hobsbawm.: Hannah Arendt über die Revolution, in: Reif: Hannah Arendt, S. 270.

195 Habermas: Hannah Arendt. Die Geschichte von den zwei Revolutionen, in: Ders.: Philosophisch-politische Profile, S. 224.

196 Young-Bruel: Hannah Arendt, S. 551.

197 Canovan: Hannah Arendt, S. 60.

4.1. Revolution als Neubeginn

Ebenso wie die totale Herrschaft stellt auch eine Revolution für Arendt ein Ereignis dar, welches fern der Normalität liegt. Revolutionen sind Ausnahmen von der Normalität, sie sind die „einzigen politischen Ereignisse (...), die uns inmitten der Geschichte direkt und unausweichlich mit einem Neubeginn konfrontieren".[198] Im Folgenden soll nachgezeichnet werden, dass Arendt in ihrer Betrachtung der Revolution von der Ausnahme aus den Bereich des Politischen bestimmt.

Wie die Möglichkeit eines Neubeginns, garantiert durch die Geburt eines jeden Menschen, am Ende ihrer Überlegungen zum totalitären Terror[199], Garant ist für die Hoffnung, dass es einen Ausweg aus der scheinbaren Ausweglosigkeit gibt, so ist der Neubeginn in ihren Überlegungen zur Amerikanischen Revolution der emphatisch begrüßte Ausdruck einer neuen Epoche der Menschheit. Die Amerikanische Revolution, so Arendt, sei „das Ergebnis des größten und kühnsten Unternehmens der europäischen Menschheit in der Neuzeit"[200] gewesen, ein „Abenteuer der Menschheit Europas, die zum ersten Mal seit den Kreuzzügen (...) ein gemeinsames Unternehmen begann, dessen Geist letztendlich stärker war als alle nationalen Unterschiede."[201]

Eine Revolution beinhaltet für Arendt zwei Elemente: das der Befreiung von der alten Ordnung und das des radikalen Neubeginns. Die Befreiung von der alten Ordnung sei zwar eine Voraussetzung der Revolution, aber ohne einen radikalen Neubeginn nicht erfolgreich. Arendt ist sich sicher, dass die ersten wirklichen Revolutionäre sich der Kraft des Neubeginns ab einem gewissen Punkt durchaus bewusst gewesen waren. Deutlich werde dies an dem neuen Kalender, der in der Französischen Revolution entwickelt wurde. Er begann mit dem Tod des Königs im Jahr eins. Im „Verlauf des achtzehnten Jahrhunderts und seiner Revolutionen

---

198 Arendt: Über die Revolution, S. 23.

199 Vgl.: Arendt: Elemente und Ursprünge, S. 979.

200 Ebd., S. 178.

201 Arendt: Europa und Amerika, S. 241.

entstand ein Bewußtsein davon, daß es das absolut Neue auch im Politischen geben könne, daß also das Neue etwas sei, was in die Hand des handelnden Menschen gegeben sein könnte."[202]
Das Moment des Neubeginns ist für Arendts Verständnis der Revolution entscheidend. Es scheint beinahe so, als ob sie in Abwägung der Vor- und Nachteile der Gewalt, diese als gerechtfertigt sieht, wenn sie es fertig brächte, etwas Neues zu erzeugen und das Alte zu unterbrechen. „Wenn wir unter Geschichte einen kontinuierlichen chronologischen Prozeß verstehen, dessen Fortschreiten in der einmal eingeschlagenen Richtung zudem automatisch vonstatten geht, bzw. von Menschen nur verzögert oder beschleunigt werden kann, so liegt es nahe, in der Gewalt in Form von Kriegen und Revolutionen die einzig mögliche Unterbrechung solcher Abläufe zu sehen. Wenn dies stimmte, wenn nur das gewalttätige Handeln imstande wäre, automatische Prozesse im Bereich der menschlichen Angelegenheiten zu unterbrechen, dann hätten die Befürworter der Gewalt in einem sehr entscheidenden Punkt gewonnen."[203] Wäre demnach Gewalt gerechtfertigt, wenn sie einen Neuanfang hervorbringen könnte? Diese Frage stellt sich für Arendt nicht, denn sogleich verweist sie auf die entscheidende Rolle des Handelns der Menschen, das sie befähigt, scheinbar automatische Prozesse der Geschichte zu durchbrechen. Die Gewalt hingegen ist eher dem bloß reaktiven „Sichverhalten" zuzuordnen.
Die in *Vita Activa* ausgeführten Momente des Neuanfangs und der Natalität, die von Arendt „teilweise synonym verwendet"[204] werden, werden in *Über die Revolution* genauer ausgeführt. Die Kontingenz des „Neubeginns" durchzieht das gesamte politische Werk von Hannah Arendt, erhält aber in *Über die Revolution* seine konkreteste Ausprägung. Für Arendt stellt der Neuanfang nicht nur einen Bruch mit der Wirklichkeit dar, sondern sie sieht in ihm auch ein „Wunder". „Jeder neue Anfang ist seiner Natur nach ein Wun-

---

202 Arendt: Über die Revolution, S. 57.
203 Arendt: Macht und Gewalt, S. 34.
204 Althaus: Erfahrung denken, S. 273.

der - dann nämlich, wenn er von dem Standpunkt der Prozesse, die er notwendigerweise unterbricht, gesehen und erfahren wird."[205] Der Begriff des Wunders ist bei ihr aber nicht wie bei Schmitt mit einem theologischen Unterbau versehen.[206] Sie betont, dass gerade das Wunder nur im Bereich der Politik eine Rolle spielen kann, denn „wenn der Sinn der Politik Freiheit ist, so heißt dies, daß wir in diesem Raum - und in keinem anderen - in der Tat das Recht haben, Wunder zu erwarten."[207]

4.2. Die Kreation von Freiheit

Neben dem Neubeginn steht die Freiheit im Mittelpunkt von Arendts Betrachtung der Revolution. Deutlich wird hierbei abermals, dass Arendt ein normatives Verständnis von Revolution entwickelt. Dem französischen Revolutionär Condorcet folgend stellt Arendt fest, dass „das Wort ‚revolutionär' (...) nur angewendet werden (darf) auf Revolutionen, deren Ziel die Freiheit ist."[208] Die Freiheit, „ein politisches Phänomen, datiert von dem Entstehen der griechischen Polis",[209] knüpft Arendt eng an das Handeln der Menschen im öffentlichen Raum und somit an die Politik. Freiheit und Politik befänden sich so in einem wechselseitigen, engen Bündnis. Wieder spricht Arendt, wie bereits in ihrem Werk *Vita Activa*, emphatisch vom „hellen Licht der Öffentlichkeit",[210] dem die Finsternis der sozialen Ausbeutung und des Elends gegenübergestellt wird. Der zentrale Punkt des Neuanfangs scheint für sie in der Möglichkeit zu liegen durch eine Revolution wieder an die

---

205 Arendt: Was ist Politik?, S. 32.

206 Andreas Kalyvas sieht dennoch im Begriff des Wunders eine Parallele zwischen Arendt und Schmitt: „they use the term ‚miracle' to decity (the) instituting potentialities of the decision (Schmitt) ans action (Arendt)." (Kalyvas: From Act to Decision. Hannah Arendt and the Question of Decisionism, in: Political Theory, Vol. 32 No. 3, S. 324.

207 Arendt: Was ist Politik?, S. 35.

208 Ebd., S. 34.

209 Ebd., S. 35.

210 Ebd., S. 59.

verschütteten politischen Traditionen der Antike anknüpfen zu können.

Der Begriff der Freiheit ist bei ihr wiederum eng mit dem des Neubeginns verbunden. Obwohl sie auch eine anthropologische Begründung des Neuanfangs durch die Geburt eines neuen Menschen liefert, ist das Neubeginnen in *Über die Revolution* deutlich politisch gemeint. Die Menschen beginnen gemeinsam etwas Neues, ganz so wie es in Arendts Begriff des Handelns dargestellt wird.

Im Bild des Neuanfangs und der Freiheit besteht eine deutliche Spannung zwischen den Einflüssen Aristoteles' und denen Augustinus'. Während Aristoteles folgend Arendt davon ausgeht, dass der Mensch erst als politisches Wesen frei wird, und sie sich gleichsam gegen Rousseaus' Bild, dass der Mensch frei geboren wird, wendet,[211] so weist sie an vielen Stellen in ihrem Werk darauf hin, dass mit der Geburt eines neuen Menschen ein neuer Anfang entsteht. Dieses Moment der Natalität geht auf Augustinus' Formel – „Initium ut esset, creatus est homo -, damit ein Anfang sei, wurde der Mensch geschaffen"[212] zurück. Brunkhorst beschreibt, ohne diese Widersprüchlichkeit auflösen zu können, dies als eine Spannung zwischen „politischer Performanz und vorpolitischer Latenz".[213]

---

211 „Man is not born free, as Rousseau believed, but born *for freedom*." Kohn: Freedom: the priority of the political, in: Villa: The Cambridge Companionm to Hannah Arendt, S. 115.

212 Arendt: Elemente und Ursprünge, S. 730.

213 Brunkhorst: Hannah Arendt, S. 137.

4.3. Amerika und Frankreich, Freiheit und Notwendigkeit

Neubeginn und Freiheit sind für Arendt die Charakteristika einer politischen Revolution. Aber nicht jede Revolution war für sie von diesen Prinzipien geleitet. Arendt trennt scharf zwischen einer sozialen und einer politischen Revolution. Diese Trennung macht sie an der Amerikanischen und der Französischen Revolution deutlich.

Die Amerikanische Revolution verkörperte für Arendt Freiheit, Handeln, Öffentlichkeit und den Neubeginn, also alle Momente die Voraussetzungen für die Politik sind. Die Französische Revolution hingegen stellt für sie das Gegenmodell zur genuin politischen Revolution dar, denn am Ende stand in Frankreich nicht die republikanische Freiheit, sondern der Nationalstaat. Wieder hebt Arendt den Unterschied zwischen Politik und Staat hervor. Den Grund für die Wendung der Französischen Revolution zu einer nationalstaatlichen Herrschaft, statt zu einem Republikanismus amerikanischer Prägung, sieht Arendt in der gegensätzlichen Bedeutung, die das Soziale für die beiden Revolutionen spielte.

Zwar war die Amerikanische Revolution das dominierende Vorbild für das Revolutionsgeschehen in Europa, doch sollte es, so bedauert Arendt, die Französische Revolution werden, die das weltweite Verständnis der Revolution bestimmen würde. Es sei eine „traurige(n) Wahrheit, daß die Französische Revolution, die in der Katastrophe endete, Weltgeschichte gemacht hat, während die Amerikanische Revolution, trotz ihrer wahrhaft triumphalen Erfolge über eine gleichsam lokale Bedeutung kaum hinausgekommen ist."[214]

Dadurch, dass in der Amerikanischen Revolution die „soziale Frage" niemals eine Rolle gespielt habe, konnten sich die amerikanischen Revolutionäre ganz auf die Freiheit als wirklich revolutionäre und politische Forderung konzentrieren. Um den „Geist der Revolution" in Amerika zu beschreiben, greift Arendt auf die „bewundernd zustimmenden" Worte Daniel Webers zurück,

---

214 Arendt: Über die Revolution, S. 69.

der schrieb, dass die Amerikaner „‚in den Krieg zogen um einer Präambel willen' (nämlich des ersten Absatzes der Unabhängigkeitserklärung) und ‚sieben Jahre für eine Erklärung kämpften'- also ein Stück Papier, wie man heute sagen würde."[215]
Arendt entwickelt den Begriff der Freiheit anhand eines Antagonismus. Der Freiheit steht bei ihr die Notwendigkeit, der Politik die Gesellschaft gegenüber. Ein Gedanke, der nicht fremd ist, geht diese Gegenüberstellung doch auf Arendts Bezug auf das antike Politikverständnis zurück. Sie entdeckt diesen Widerspruch in den verschiedenen Ausprägungen der beiden Revolutionen des ausgehenden achtzehnten Jahrhunderts wieder.
Die Idee der Freiheit bestimmte für Arendt also die Revolution in Amerika und dies konnte sie nur, indem die Armut, die es durchaus auch in Amerika gab, aber eben nicht in dem europäischen Ausmaße einer furchtbaren Verelendung, keine Rolle spielte. „Die Gründung der Freiheit konnte nur gelingen, weil den ‚gründenden Vätern' die politisch unlösbare soziale Frage nicht im Wege stand; aber diese Gründung konnte für die Sache der Freiheit nicht allgemeingültig werden, weil die gesamte übrige Welt von dem Elend der Massen beherrscht war und blieb."[216]
Was Arendt in der Amerikanischen Revolution entdeckte, war die Verwirklichung der Freiheit. Arendt zieht immer wieder den amerikanischen Revolutionär John Adams heran, der ein Verständnis der Politik vertrat, das dem von Arendt entgegen kam. So trat Adams entschieden für das Handeln in der Öffentlichkeit ein. Mit revolutionärem Pathos habe dieser seine Überzeugung geäußert, dass es „das Tätigsein und nicht die Ruhe ist, woran Menschen sich erfreuen."[217] Das Handeln, daran lässt Arendt auch in *Über die Revolution* keinen Zweifel aufkommen, kann aber nur in einer Öffentlichkeit stattfinden, in einem Raum, in dem es von anderen wahrgenommen wird und auf diese einen Einfluss ausübt. „Einfach übersehen zu werden und sich dessen bewußt zu sein, ist

---

215 Ebd., S. 93.
216 Ebd., S. 85.
217 Ebd., S. 40.

unerträglich. Hätte Robinson Crusoe auf einer Insel die Bibliothek von Alexandria zu seiner Verfügung gehabt und die Gewißheit, niemals wieder ein menschliches Wesen zu sehen, würde er je ein Buch geöffnet haben?"[218]

Gerade jener Gedanke sei aber schnell dem Verfall preisgegeben worden. Arendt zitiert hierzu Tocqueville, der meint, dass „keine der Ideen und Gefühle, welche die Revolution vorbereitete, auch so schnell wieder von der Bildfläche verschwunden ist wie der Begriff der öffentlichen Freiheit und der Geschmack an ihr".[219] Arendt sieht die Gefahr, dass im Verfall sich die Politik wieder mit der Herrschaft verbindet. Der Bourgeois schlägt den Citoyen. Der „Geist der Revolution" verschwindet.

Der französische Widerpart zu Adams und den amerikanischen Revolutionären macht Arendt in dem von Rousseau beeinflussten Robespierre fest. Robespierre hat, so Arendt, Rousseaus Theorie der Politik, die sie scharf kritisiert, in die politische Wirklichkeit umgesetzt. Rousseau habe die Idee einer „volonté générale" ernst genommen und sich die Nation als einen einzigen Körper vorgestellt. Die Konsequenz einer solchen Vorstellung sei, dass die Pluralität verloren geht, wenn jeder nur noch die „natürliche" Funktion eines Körperteils annimmt. „Robespierre hat Rousseaus zerrissene Seele und die Herzenskonflikte in die Politik getragen, wo sie sofort zu Mord und Totschlag führten, weil sie ihrem Wesen nach unlöslich sind."[220]

Ausgangspunkt der Theorie Rousseaus und der Politik Robespierres ist für Arendt das Mitleid mit den Armen gewesen. Für Rousseau war das Mitleiden der Grundbezug aller menschlichen Belange. Die französischen „Volksvertreter" hätten sich, so Arendt, mitleidend mit „le peuple", dem gemeinen Volk identifiziert, und dies als die höchste Form aller politischen Leidenschaft angesehen. Die „leidenschaftliche Betroffenheit von dem Leiden anderer"[221] würde aber die Distanz zwischen den Menschen, die nur über die

218 Adams, zit. nach: Ebd., S. 87.
219 Ebd., S. 171.
220 Ebd., S. 124.
221 Ebd., S. 108.

vermittelnde und gleichsam distanzierende Rolle des öffentlichen Raumes in handelnden Kontakt treten, zerstören. Gegen diese sentimentale Dimension des unpolitischen Mitleids setzt sie die politische Form der Solidarität.[222] Diese ist für Arendt ihrem Wesen nach vernunftbestimmt und richte sich zudem nicht ausschließlich an die Armen. Arendt erblickt in der Dimension des sentimentalen Mitleids bereits das Moment einer Entgrenzung, die später bei Robespierre in der grenzenlosen Anwendung des Terrors gipfelte. Hegels „Republik der Tugend" ist die „Republik des Terrors" gefolgt. Gegen den Verlust von Grenzen führt sie Montesquieu an, der selbst der Tugend Grenzen setzte.[223]

Arendt kritisiert Rousseau scharf, denn mit der Idee und dem Versuch durch Robespierre, die „volonté générale" in die Wirklichkeit umzusetzen, sei die Pluralität zerstört worden, die für die Politik essentiell ist. Ist die Pluralität von einem Konsens zwischen den verschiedenen Akteuren geprägt, so schließt das dem Begriff „volonté générale" innewohnende Prinzip eines bestimmenden Willens jeden Konsens von vorn herein aus. Beide würden so ein falsches Bild der Öffentlichkeit vermitteln, welches nicht dem antiken Bild einer Theaterbühne oder eines Marktplatzes entspricht. „Die auszeichnende Qualität dieses Volkswillens, nämlich der volonté générale, war seine Einmütigkeit, und wenn Robespierre sich ständig auf die ‚öffentliche Meinung' beruft, so denkt er dabei durchaus an die Einmütigkeit der volunté generale, nicht aber an eine Meinung, auf der sich viele öffentlich geeinigt haben."[224]

Rousseau und Robespierre, so kritisiert Arendt, gingen von dem Prinzip der einhelligen Meinung aus, die dem Volk zu Eigen sein sollte. Eine solche setze allerdings die Existenz eines Dritten voraus, gegen den sich geeinigt werden kann. Dieses allen gegnerische Dritte stelle einen gemeinsamen Feind dar, den Rousseau in jedem einzelnen Bürger zu finden meinte. In jedem sei die feindliche Kraft des Einzelwillens und des Eigeninteresses vorhanden, dem im Sinne

---

222 Vgl.: Ebd., S. 113.

223 Ebd., S. 115.

224 Ebd., S. 96.

des Gemeinwillens entgegengetreten werden muss. „Der gemeinsame Feind im Inneren der Nation ist die Gesamtsumme der Einzelinteressen aller ihrer Bürger."[225] Diese Vorstellung Rousseaus beruht auf einer Dichotomie von Freund und Feind. Andreas Kalyvas sieht in Arendts Kritik an Rousseau gleichzeitig auch eine Kritik an Carl Schmitts Vorstellung der Politik als eine Unterscheidung zwischen Freund und Feind. „Schmitts friend/enemy distinction became internalized (by Rousseau)."[226] Ein Moment, der später noch eine Rolle spielen wird.[227]

Arendt weist darauf hin, dass die Herrschaft einer „öffentliche Meinung", die auf der Feindschaft gegen einen Dritten aufgebaut ist, von Anfang an von der Amerikanischen Revolution abgelehnt wurde. Die amerikanischen Revolutionäre wären immer schon - im Gegensatz zu den französischen Revolutionären - gegen die Herrschaft der öffentlichen Meinung, die als Tyrannei empfunden wurde, eingetreten. Sie verweist auf den Umstand, dass es für die Französische ganz im Gegensatz zur Amerikanischen Revolution ein wichtiges Anliegen war, Feinde zu entlarven und zu vernichten. Den Amerikaner wäre es immer wichtiger geblieben, die Pluralität des Volkes zu bewahren. Jefferson brachte es auf den Punkt, als er ausdrücklich verlangte, „uns zu einer Nation in allen außenpolitischen Belangen zu machen und uns in Fragen der Innenpolitik in unseren Unterschieden zu erhalten"[228] Das Wort „Volk", so Arendt, wurde für die Gründer niemals ein Singular, „sie verstanden es vielmehr als eine Vielheit und stellten sich darunter die unendlichen Verschiedenheiten und Unterschiede einer Menge vor, die gerade in ihrer Pluralität ehrfurchtgebietend war."[229] Die gesellschaftliche Ursache der gegensätzlichen Bedeutung, die die Pluralität in Frankreich und Amerika einnahm war für Arendt der

225 Ebd., S. 98.

226 Kalyvas: From Act to Decision. Hannah Arendt and the Question of Decisionism, in: Political Theory, Vol. 32 No. 3, S. 332.

227 Vgl.: Kapitel 4.10. „Schmitts Demokratie als Gegensatz zu Arendts Republikanismus".

228 Ebd., S. 119.

229 Ebd., S. 118.

Tatsache geschuldet, dass es in Europa so etwas wie eine Pluralität nur unter den Reichen gab, während die große Masse der europäischen Bevölkerung durch eine die Unterschiede relativierende Armut geprägt wurde.

Aus dem Grund, dass es in Amerika nicht eine drückende Armut gab, die in Europa zwingend dafür sorgte, dass die Revolution unter ihren Einfluss geriet, hat, so folgert Arendt, auch das für Robespierre so wichtige Mitleid in Amerika keine Rolle gespielt.[230] So ging es nach Arendt in der Amerikanischen Revolution von Anfang an um die altverbrieften Rechte und Freiheiten der Bürger und nicht, wie in Frankreich, um die Wohlfahrt des Volkes.

Gerade weil die Armut in Europa das Revolutionsgeschehen beeinflusste und die Notwendigkeit die Ereignisse diktierte, wurde die Französoische Revolution zum Leitbild von Karl Marx und seinen Schülern. Arendt kritisiert Marx, weil dieser mit der theoretischen Fortführung der Politischen Ökonomie die Ökonomie in die Politik einführt hatte.[231] Der Bereich der Politik und damit der Freiheit wäre so durch den der Ökonomie und der Notwendigkeit zerstört worden. Das gesellschaftliche Ziel sei verschoben worden, von der Freiheit auf den Überfluss.[232] „Politisch gesprochen, war diese Entwicklung mit der Einführung des Begriffs Vergesellschaftung besiegelt. Mit der Einführung dieses ‚Ideals' hat Marx die Freiheit an die Notwendigkeit ausgeliefert, nicht anders als Robespierre vor ihm und sein größter Schüler Lenin im Laufe der folgenschwersten Revolution, die sich auf ihn berufen kann, nach ihm."[233]

Durch Marx' Lehre, dass die Geschichte eine Geschichte der Klassenkämpfe sei, hätten wir vergessen, dass niemand vor der

---

230 Vgl.: Ebd., S. 89.

231 Zu der großen Bedeutung, die die Kritik an Marx in Arendts Gesamtwerk spielt: Young-Bruel 1986, S. 384ff. Ein Moment, welches Margaret Canovan als das verbindende zwischen Arendts politischen Werken *Elemente und Ursprünge*, *Über die Revolution* und *Vita Activa* ansieht. Vgl.: Canovan: Hannah Arendt.

232 Vgl.: Arendt: Über die Revolution, S. 80.

233 Ebd., S. 81.

Französischen Revolution auf die Idee gekommen ist, dass es die Armen sein könnten, die die Revolution machen. Keine Revolution aber, so Arendts Argument, hat die „soziale Frage" jemals lösen können.[234] Durch die Gewaltsamkeit der Französischen Revolution und all der anderen, zuvorderst der Oktoberrevolution, die in ihrer Nachfolge standen, hat sich für Arendt die Gewalt selbst der Notwendigkeit angeglichen. Damit zerstöre eine von dem „Irrweg"[235] der Notwendigkeit getriebene Revolution zwangsläufig den Bereich des Politischen, „d.h. den einzigen Bereich, in dem der Mensch wirklich frei sein kann."[236]

4.4. Verfassung

Nicht nur anhand der unterschiedlichen Bedeutung von Freiheit, Neuanfang, Handeln und Pluralität, sondern auch anhand der Rolle, die die Verfassung in beiden Revolutionen spielte, verdeutlicht Arendt den Unterschied zwischen Amerikanischer und Französischer Revolution. Wenn es um die Rolle der Verfassung geht, dann erscheint neben dem Moment der Spontaneität und des Neuanfangs in der Verfassungsgebung auch ein Moment des Bewahrens. Es soll daher der Frage nachgegangen werden, inwieweit Arendt auch Normalität und nicht nur eine Ausnahmesituation in der Revolution entdeckt.

Arendt wertet als wichtigen Punkt einer politischen Revolution den verfassunggebenden Akt einer Neugründung des politischen Systems. Eine solche Verfassungsfindung sei das Wahrzeichen einer Revolution.[237] Die Befreiung von einer Herrschaft scheitert dann, wenn im Anschluss an die Revolution die gewonnene Freiheit sich nicht sogleich in politische Institutionen und in einer Verfassung ausdrückt. Gleichsam muss das Volk sich eine Verfassung selber

---

234 Krit. hierzu: Niggemeyer: Gesellschaft und Freiheit bei Hannah Arendt, S. 103ff.

235 Vgl.: Ebd., S. 143.

236 Ebd., S. 146.

237 Vgl.: Ebd., S. 160.

geben. Dies war in der Amerikanischen Revolution der Fall. Bereits bevor der Unabhängigkeitskrieg begann, so Adams, sei die Revolution in den politischen Versammlungen der „town halls" konstituiert worden.[238]

Für Arendt wird der Gegensatz zwischen der Amerikanischen und der Französischen Revolution auch an dem Wert deutlich, den die Verfassung in beiden spielt. Während für sie die Verfassung in Amerika eine zentrale Rolle des Revolutionsgeschehens eingenommen hatte, verkam sie in Frankreich zu dem, was ihr immer wieder vorgeworfen wurde, zu einem „Stück Papier".[239] Deutlich werde dies zum Beispiel daran, dass sich Frankreich innerhalb von hundert Jahren nicht weniger als vierzehn Verfassungen gegeben hat.

Arendt begreift also Revolution und Verfassung als gleichzeitigen Akt einer politischen Neugründung. „Revolution, Verfassung und Gründung (sind) Teilaspekte des gleichen Phänomens."[240] Gerade ihr Zusammenwirken zeichne die Amerikanische Revolution aus. Dennoch hat es, so beklagt Arendt, die amerikanische Verfassungsgebung nicht geschafft, die zweite große Aufgabe einer Revolution zu meistern, nämlich den Geist der Revolution zu bewahren.

Trotz dieses Misserfolges wird hier der Schritt vom Bruch mit der alten Gesellschaft zu dem Beginn von etwas Neuem deutlich. Während der Bruch das dynamische, das revolutionäre Element ist, so könnte man in der Verfassungsgebung die Konstitution von etwas Statischem sehen. Wenn man die Begriffe Dynamik und Statik übersetzt in die Begriffe der Ausnahme und der Normalität, so stellt die Verfassungsgebung den Versuch dar, Normalität herzustellen. Arendt sprach in diesem Zusammenhang auch davon, dass der Geist der Revolution in Institutionen gegossen werden muss, damit er bewahrt bleiben kann. Ausnahme und Normalität, Revolution

---

238 Ebd., S. 151.

239 Ebd., S. 93.

240 Ebd., S. 162.

und Verfassung sind in diesem Sinne keine antagonistischen Gegensätze.
Einen ähnlichen Ansatz findet man in Arendts Bewertung des zivilen Ungehorsams. Ziviler Ungehorsam ist der Zusammenschluss von Bürgern in organisierten Minderheiten, die das Gesetz öffentlich herausfordern, um eine wünschenswerte Erhaltung verfassungsmäßiger Rechte oder eine notwendige Veränderung herbeizuführen. Arendt trennt von diesem strikt den kriminellen Ungehorsam. Auch von dem revolutionären Rebellen unterscheidet sich der Gehorsamsverweigerer. Zwar kann er den Wunsch die Welt zu verändern mit dem Revolutionär teilen, er lehnt aber die Gewalt als Mittel zur Erreichung dieses Zieles ab.
Trotz des weltweiten Auftretens des zivilen Ungehorsams sah Arendt in ihm dennoch „dem Ursprung und dem Gehalt nach in erster Linie immer noch ein amerikanisches Phänomen",[241] das direkt aus der Amerikanischen Revolution stammt und diese mit ermöglicht hatte. Sie plädiert dafür, dass man in der Verfassung für den zivilen Ungehorsam einen Ort ausmacht, um seiner Bedeutung als das „Recht auf Dissens"[242] neben dem Prinzip des Konsenses gerecht zu werden. Der zivile Ungehorsam, der aus dem Bruch mit der Normalität entsteht, soll wie der „Geist der Revolution" in der Verfassung konserviert werden.
Arendt geht es, so kann man folgern, nicht nur um den Bruch und die Ausnahme, sondern auch um die Herstellung von Normalität. Diese sieht sie nicht allein in der parlamentarischen Praxis beheimatet, sondern durchaus in einem harmonischen Zusammenhang mit der Ausnahme der Revolution.

241 Arendt: Ziviler Ungehorsam, S. 306.
242 Ebd., S. 314.

4.5. Die Aktualität der Revolution

„The past is never dead, it is not even past." Faulkner[243]

Arendts Buch *Über die Revolution* war eingebettet in eine ganze Reihe von Schriften, die auf die damalige Krise der amerikanischen Republik zielten. Ab Mitte der Fünfziger Jahre beschäftigte sich Arendt intensiv mit aktuellen Problemen der amerikanischen Politik und stellte diese in den Zusammenhang der Amerikanischen Revolution.

Die amerikanische Politik war in eine tiefe Krise geraten. Die McCarthy-Ära bestimmte Arendts Auseinandersetzung mit Amerika in den fünfziger Jahren. Ausdruck fand dies in ihrem Aufsatz „Europa und Amerika",[244] aber bereits in ihren Untersuchungen zur totalen Herrschaft warnte sie vor den totalitären Tendenzen des „McCarthyism".[245] Aber auch in den Sechziger und Siebziger Jahren stieß die aktuelle amerikanische Politik auf Arendts Interesse. Die Rassenfrage und der Watergateskandal, aber vor allem der Vietnamkrieg motivierten Arendt, sich Gedanken über die „Lüge in der Politik"[246] zu machen. Beredtes Beispiel für die Einschätzung der Lage der Republik liefert ein Brief Arendts an Carl Jaspers nach dem Attentat am 1. Dezember 1963 auf J.F. Kennedy. Der „lauteste Schuss seit Sarajevo"[247] veranlasste sie zu der Befürchtung, dass „nicht weniger auf dem Spiel steht als die Republik."[248] In ihrer letzten öffentlichen Rede, so ihre Biographin Young-Bruel, einer feuriger Ansprache zur Zweihundertjahrfeier der Amerikanischen Revolution im politischen Boston Hall Forum, „war Arendt davon überzeugt, daß

---

243 Arendt: Zwischen Vergangenheit und Zukunft, S. 14.

244 Arendt: Europa und Amerika, S. 238ff.

245 Arendt: Elemente und Ursprünge, S. 753.

246 Arendt: Die Lüge in der Politik, S. 322ff.

247 Young-Bruel: Hannah Arendt, S. 527.

248 Arendt, Hannah: Zit. nach: Ebd., S. 526.

ihr Land am Rande eines Zeitalters stand, das sie sich nicht auszumalen wagte."[249]

Bereits in *Über die Revolution* warf sie der aktuellen Politik Amerikas vor, an einem „Gedächtnisschwund"[250] zu leiden. Das, was sie so euphorisch als den „Geist der Revolution" gepriesen hatte, schien keine Rolle mehr in der Politik zu spielen. Vielmehr sei die amerikanische Politik von einer Revolutionsangst befallen, die nur in einer radikalen Abkehr von der eigenen Geschichte sich erklären ließe. Sie fürchtet eine Art Europäisierung und damit Verstaatlichung der amerikanischen Politik, eine Gefahr, der sich die amerikanischen Revolutionäre so erfolgreich widersetzt hatten. „Die Zeit, in der Amerika sich in voller Klarheit von den politischen Kategorien des europäischen Nationalstaates trennte, ist lang vorbei. Die amerikanische Regierung handelt und argumentiert nicht im Sinne der Amerikanischen Revolution und der ‚Founding Fathers', sondern ganz im Sinne des europäischen nationalstaatlichen Denkens, als sei dies schließlich und endlich doch das ihr angestammte Erbe."[251]

Doch Arendt verfiel nicht in Resignation. Sie konfrontiert unnachgiebig den amerikanischen Traum vom Wohlstand mit Jeffersons Traum der Amerikanischen Revolution. „Was wir heute sehen ist widersprüchlich, es gibt genug Anzeichen, die zu Hoffnung berechtigen, aber es gibt nicht weniger zu wohlbegründeter Furcht."[252] Es ging Arendt also nicht darum die Geschichte der Revolution zu umreißen, sondern um ein Ideal für die Praxis darzustellen. Es ging ihr um einen „mahnenden Bericht",[253] ein „Buch der Warnung".[254] Sie hatte, so könnte man sagen, ein therapeutisches Ziel – den Amerikanern die Erfahrung ihrer Revolution wieder deutlich zu machen. Stand das Buch über die totale Herrschaft unter dem von Jaspers stammenden Credo: „Weder dem Vergangenen anheimfallen noch dem Zukünftigen. Es kommt darauf an, ganz gegenwärtig

249 Young-Bruel: Hannah Arendt, S. 525.

250 Arendt: Über die Revolution, S. 279.

251 Probst (Hrsg.): Die Entdeckung der Freiheit, S. 10.

252 Arendt: Über die Revolution, S. 178.

253 Young-Bruel: Hannah Arendt, S. 551.

254 Ebd., S. 551.

zu sein",[255] so stellt auch das Buch *Über die Revolution* einen auf die Gegenwart bezogenen Bericht dar.
Hannah Arendt begreift, so könnte man zusammenfassend sagen, die aktuelle nationalstaatliche Normalität Amerikas kritisch vor dem Hintergrund der Ausnahme der Amerikanischen Revolution.

4.6. Neuanfang und neue politische Organisationsformen - Ungarn und die Räte

Ganz ähnliche Beobachtungen wie bei der Amerikanischen Revolution, glaubte Arendt auch bei der Ungarischen Revolution machen zu können. Bereits bevor Hannah Arendt 1963 ihr Buch *Über die Revolution* veröffentlichte, machte sie sich, von den Ereignissen in Ungarn inspiriert, Gedanken über politische Organisationsformen, die aus plötzlichen Ausnahmesituationen entstehen. Die aus einem Neuanfang gegründeten Räte in der Ungarischen Revolution waren der Anlass, diesen politischen Organisationsformen näher nachzugehen.
Am 24. Oktober 1956 brachen in Ungarn Aufstände aus, die zwölf Tage später, am 4. November, blutig niedergeschlagen wurden. Die Ereignisse in Ungarn überraschten Hannah Arendt, die sich zu dieser Zeit auf einer Europareise befand. Am 31. Oktober 1956 teilte sie Heinrich Blücher in einem Brief ihre „Freude über Ungarn" mit.[256] Im Jahr 1958 erschien zuerst in englischer Sprache im „Journal Of Politics" und dann im gleichen Jahr auf Deutsch ein Essay über die Revolution in Ungarn.
Was war in Ungarn geschehen, das Arendt so sehr inspirierte? Zunächst begann der Protest mit einigen Studentendemonstrationen. Um diese sammelte sich aber rasch eine spontane Menschenmenge. Auch das zur Hilfe gerufene ungarische Militär schloss sich dieser Volksbewegung an. „Was als

---

[255] Zit. nach: Heuer: Citizen: Persönliche Integrität und politisches Handeln, S. 165. Arendt: „Dieser Satz traf mich mitten ins Herz." (Zit. nach: Ebd., S. 165.)

[256] Arendt/Blücher: Briefe 1936-1968, S. 451.

Studentendemonstration begonnen hatte, war in weniger als vierundzwanzig Stunden zu einem bewaffneten Aufstand geworden."[257] Ohne eine straffe Führung und ohne ein festgelegtes Programm entstand eine Revolution, die das ganze Land erschütterte und ein gemeinsames Ziel formulierte: Abzug der sowjetischen Besatzer.

Arendt spricht emphatisch von den Flammen der Ungarischen Revolution, die „in zwölf Tagen einen ungeheuren Raum erhellten, den eine der totalitären Diktaturen seit dem Ende des Zweiten Weltkrieges beherrscht."[258] Die Revolution war für Arendt eine politische Geste des Freiheitskampfes gewesen, die von dem Willen zur Freiheit bestimmt wurde, ein Aufstand, der vom ganzen Volk, unabhängig der sozialen Lagen durch das gemeinsame Handeln getragen wurde. Die Freiheit, so sei hier deutlich geworden, stelle sich nicht durch ein transzendentes Prinzip her, sondern durch das gemeinsame Handeln. In Ungarn ist für sie in den zwölf Tagen des Aufstandes die Stimme des Volkes, unverfälscht vom Geschrei des Gesindels, hörbar gewesen.[259] Die Revolution in Ungarn sei nicht organisiert gewesen, sondern sie entstand aus dem spontanen Handeln der Menschen. Arendt bezieht sich auf Rosa Luxemburg, wenn sie den Begriff der „spontanen Revolution" verwendet.[260]

Die Ungarische Revolution, sei sie auch nur zwölf Tage lang gewesen, war ein solcher Moment, der Geschichte schrieb. In diesen zwölf Tagen geschah für Arendt etwas, das die Theorie der totalen Herrschaft ins Wanken brachte.[261] Die Tage der Revolution in Ungarn enthielten mehr Geschichte als zwölf Jahre normaler Ge-

---

257 Arendt: Die Ungarische Revolution und der totalitäre Imperialismus, S. 100.

258 Ebd., S. 73.

259 Vgl.: Ebd., S. 108.

260 Vgl.: Ebd., S. 77. Zur Bezugnahme Arendts auf Luxemburg siehe auch: Kulla: Revolutionärer Geist und republikanische Freiheit. Über die verdrängte Nähe von Hannah Arendt zu Rosa Luxemburg.

261 An dieser Stelle wird ein Widerspruch zu Arendts Werk *Elemente und Ursprünge totaler Herrschaft* deutlich. Dort nämlich begrenzte sie die totale Herrschaft auf den Zeitraum zwischen 1930 und 1953. Vgl.: Kapitel 3 „Das Ende der Politik - der Anfang des politischen Denkens".

schichte. Wenn es möglich war, dass Menschen unter totaler Herrschaft sich zu spontanen Aufständen zusammenschlossen, dann, so schlussfolgert sie, hat der totale Herrschaftsapparat doch nicht alle Lebensbereiche beherrscht. „Was immer wir über das Wesen totaler Herrschaftsform und die Methoden des totalitären Imperialismus zu wissen meinen, muß (im) Licht (der Ungarischen Revolution) kontrolliert und korrigiert werden."[262]

Was Arendt so emphatisch an der Ungarischen Revolution begrüßte, war die Einschätzung, dass die Ungarische Revolution die scheinbar automatischen Prozesse des Totalitarismus zerstörte. „Es sind diese automatischen Geschehnisse und diese bewußten oder unbewußten Wiederholungen, die das Ereignis der Ungarischen Revolution durchbrach, und zwar gerade, als die Experten totaler Herrschaftsformen sie in- und auswendig kannten und die öffentliche Meinung auf sie nur noch mit Apathie reagierte."[263] Das Durchbrechen der Normalität durch eine neue politische Situation ist von solcher Bedeutung für Arendt, dass sie Ausnahmeereignissen mehr Geschichte zugesteht als dem normalen Geschichtslauf.

Die revolutionären Ausnahmen der Geschichte scheinen aber immer nur von kurzer Dauer zu sein. Schaffte es die Amerikanische Revolution zwar „für alles Institutionen (zu finden), nur nicht für den sich in ihr manifestierenden Geist",[264] so wurde der Geist der Ungarischen Revolution blutig niedergeschlagen. Die Ungarn wurden wieder in die Dunkelheit der Angst zurückgetrieben.

---

262 Arendt: Die Ungarische Revolution und der totalitäre Imperialismus, S. 78.

263 Ebd., S. 77.

264 Arendt: Über die Revolution, S. 298.

4.7. Parteien und Räte

Die Ungarische Revolution stellt also zweifellos eine Ausnahmesituation dar. Aber auch in Arendts Überlegung zu Ungarn rückt neben dem Moment der Ausnahme die Normalität wieder in ihren Blickwinkel. Ganz ähnlich wie in ihren Gedanken zur Amerikanischen Revolution sieht Arendt auch in der Ungarischen Revolution das Problem, dass die Errungenschaften der Revolution nur in neuen politischen Organisationsformen bewahrt werden können.

Einen beinahe utopischen Gehalt hatte die Revolution für Arendt durch die Rolle, die sie den aus der Revolution neu entstehenden politischen Organisationen, den Räten, zuschrieb. Die Räte seien die einzigen politischen Organisationen, „die unmittelbar aus dem Geist der Revolution entstanden"[265] sind. Die politische Bedeutung der Räte wendet Arendt direkt gegen das nationalstaatliche System. Anders als der Staat und die Verwaltung der Bürger, die sie im Gegenmodell der Parteienherrschaft verortet, sind die Räte von den Bürgern selber ins Leben gerufen worden. In den Räten sind für Arendt alle genuin politischen Eigenschaften vertreten. Hier ist das Handeln und das Neubeginnen der vielen verschiedenen Menschen in Freiheit möglich. Anders als das staatliche Parteiensystem, welches nur die Repräsentation kennt und die Menschen von der Politik fernhält, verkörpern die Räte für Arendt das republikanische Ideal. Deutlich wird hier wiederum ihre Vorstellung von der Politik als einen Bereich, der nicht mit dem Nationalstaat und der damit einhergehenden Organisation der Menschen durch Parteien verbunden ist.

In Ungarn gab neben den revolutionären Räten, die sich im Kampf zusammenfanden, alle Arten von Räten, seien es Nachbarschaftsräte, Schriftsteller- und Künstlerräte, Studenten- und Schülerräte, Arbeiter- und Soldatenräte. „Wo immer es ein Zusammen von

---

265 Ebd., S. 327.

Menschen im öffentlichen Raum gab, entstanden Räte."[266] Für das Zusammenfinden in Räten gab es keine Gruppengrenzen. Parteilinien, kommunistisch oder nicht-kommunistisch, spielten keine Rolle. „In den zwölf kurzen oder langen Tagen, die ihr vergönnt waren, hat die Ungarische Revolution nicht nur das Prinzip des Rätesystems überhaupt hervorgebracht, sie hat - und dies war vielleicht das Erstaunlichste - einen großen Bereich seiner Verwirklichungsmöglichkeiten im einzelnen und konkreten abgeschritten und die Richtung gewiesen, in der es sich entfalten kann."[267]

Arendt weist auf den Umstand hin, dass in revolutionären Momenten immer wieder eine Organisationsform auftaucht, in der das „Volk für ein paar Tage oder Wochen oder Monate die Chance hat, seinem eigenen politischen Menschenverstand zu folgen".[268] Erstmalig entstanden Räte in den Revolutionen, welche im Jahre 1848 über Europa hinwegzogen. In der Pariser Kommune konnte man sie genauso antreffen wie in der ersten russischen Revolution des Jahres 1905. Am deutlichsten konnte man sie in der Oktoberrevolution erkennen, aber sie bildeten sich auch in den Nachkriegsrevolutionen der Jahre 1918 und 1919 in Österreich und Deutschland.

Räte entstehen nach Arendt aus dem gemeinsamen Interesse, welches ein Volk in einem besonderen Moment in der Geschichte entwickelt. Arendts Geschichtsverständnis baut auf solchen besonderen Momenten und den in ihnen entstehenden besonderen politischen Formen auf, wenn sie schreibt, dass Geschichte das ist, „was wert ist, erinnert zu werden".[269] So können die zwölf Tage der Ungarischen Revolution, genauso wie die Wochen oder Monate der Pariser Kommune und der Oktoberrevolution mehr Geschichte enthalten als zwölf Jahre.

Obwohl Arendt die Spontaneität der Räte hervorhebt, bedeuten diese auch den Versuch der Neukonstituierung einer politischen

---

[266] Arendt: Die Ungarische Revolution und der totalitäre Imperialismus, S. 107.

[267] Ebd., S. 108.

[268] Ebd., S. 102.

[269] Ebd., S. 74.

Ordnung. Obwohl die Räte eine größere Dynamik durch eine breitere Mitbestimmung der Bürger, im Gegensatz zum Parteiensystem, haben, stellen sie für Arendt genauso wie die Verfassung den Versuch dar, die Revolution nach dem Bruch mit dem alten System zu bewahren. An dieser Stelle wird wiederum deutlich, dass es Arendt nicht nur um die Ausnahme geht, sondern auch um die sich an diese anschließende Normalität.

Durch das spontane und nicht von einem Führer oder einer Partei gesteuerte gemeinsame Handeln eines Volkes gewinnt das Rätesystem für sie eine Flexibilität, die neue und freie politische Formen möglich macht. Es beständen keine anderen Voraussetzungen als das Zusammenkommen und das Handeln der Menschen. In diesem Sinne stelle das Rätesystem eine wirklich freie politische Organisation dar. Arendt setzt diese freie politische Organisation einer anderen politischen Tradition entgegen: dem Parteiensystem. „Unter modernen Bedingungen also kennen wir überhaupt nur zwei Möglichkeiten demokratischer Herrschaft: das seit hundert Jahren siegreiche Parteiensystem und das seit hundert Jahren immer wieder besiegte Rätesystem."[270] Das Rätesystem könne man daher nur verstehen, wenn man sich vergegenwärtige, dass es genau so alt ist wie das Parteiensystem, zusammen mit ihm entstand und immer wieder von ihm vernichtet worden ist.[271]

Das Rätesystem hat für sie im Gegensatz zum Parteiensystem nicht die Anbindung an eine bestimmte Interessengruppe, die sich durch eine Partei vertreten lässt. Weder Ideologien noch Klasseninteressen spielen für Arendt in dem anti-parteiischen Rätesystem eine Rolle.[272] In ihrem Essay „Der Kalte Krieg und der Westen" weist Arendt erneut auf den „ganz und gar politischen"[273] Charakter der Ungarischen Revolution hin, die sie als in der Tradition der Amerikanischen Revolution stehend begreift. Genauso wie diese sei die Ungarische Revolution nicht von sozialen Missständen verursacht worden. Vielmehr hätten beide Revolutionen die

---

270 Ebd., S. 106.
271 Vgl.: Ebd., S. 105.
272 Vgl.: Ebd., S. 105.
273 Arendt: Der kalte Krieg und der Westen, S. 136.

wirtschaftlichen Bedingungen des Volkes für selbstverständlich gehalten. Die zweite große Revolution der neuesten Zeit erblickte sie in der Kubanischen Revolution. Diese ist nicht wie die Ungarische von Russland zerschlagen worden, sondern unter russischen Einfluss geraten. Die Revolution in Kuba sei in erster Linie eine Revolution gegen die drückenden sozialen Verhältnisse gewesen und stehe damit in der Tradition der Französischen Revolution. Gerade hierin sieht sie den Grund, warum die Kubanische Revolution in den Bann des Bolschewismus geraten war. Das Gegenüber von Französischer und Amerikanischer Revolution, so wie Arendt es ihrem Werk *Über die Revolution* zugrunde liegt, findet sich also wieder in den Aufständen in Kuba und Ungarn.

Der Gedanke, der solchen Analogien zugrunde liegt ist der, dass eine Revolution in der Vorstellung von Arendt nur dann eine wirkliche Revolution ist, wenn ihr zentrales Ziel politisch ist. Deutlich lässt sich hier ihr Bezug auf die Unterscheidung der Antike zwischen Haushalt und Polis erkennen, die „nicht so unrecht hatte",[274] dass alles, was nicht politisch ist, in den Haushalt verbannt werden müsse. Es ist für Arendt daher sehr zweifelhaft, ob die politischen Prinzipien der Freiheit und Gleichheit ohne weiteres auf den ökonomischen Bereich, in dem in antikem Verständnis notwendig Unterdrückung und Mühsal herrschen, anwendbar sind.

---

274 Arendt: Die Ungarische Revolution und der totalitäre Imperialismus, S. 104.

4.8. Demokratie vs. Pluralität bei Schmitt

„Obgleich Hannah Arendt sich in ihrem Buch ‚Über die Revolution' an keiner Stelle auf Schmitt bezieht, liest es sich gleichwohl wie eine pointierte Gegenthese zu dessen ‚Theorie des Politischen'. Der gemeinsame Bezugspunkt, der es erlaubt, Hannah Arendts Argumentation der von Schmitt kontrastiv gegenüberzustellen, ist die beiden gemeinsame Genealogie des Raumes der ‚Politik'."[275] Arendt weist nach, dass Freiheit, Öffentlichkeit, Handeln, also die Eigenschaften, die sie als Wesensmerkmale der Politik sieht, in der Amerikanischen Revolution und in der republikanischen Demokratie zu finden sind. Den Republikanismus der Amerikanischen Demokratie grenzt sie dabei scharf gegen das Demokratieverständnis der von Rousseau beeinflussten Französischen Revolution und den europäischen Nationalstaat ab. In diesem Gegensatz sucht sie die Antwort auf die Frage, was Politik ist. Schmitt verfährt ähnlich. Er stellt anhand des Gegensatzes von Demokratie und Parlamentarismus, Legalität und Legitimität dar, was für ihn Politik bedeutet. Es soll zunächst Schmitts Verständnis von Politik, das sich in seinem Demokratiekonzept widerspiegelt, mit dem Ziel dargestellt werden, es in den folgenden Kapiteln dem Politikverständnis von Arendt entgegenzustellen.

Schmitt hat ein Verständnis der Demokratie, welches er scharf gegen das herrschende liberale Verständnis abgrenzen will. Für ihn ist die Demokratie vor allem durch Identität und Gleichheit geprägt. „Demokratie ist Identität von Herrscher und Beherrschtem, Regierendem und Regiertem, Befehlenden und Gehorchenden."[276] In allen anderen Regierungsformen unterscheiden sich Herrscher und Beherrschte voneinander. In Schmitts „reiner Demokratie" gibt es nur die Identität des wirklich anwesenden Volkes mit sich selber. Von diesem „homogenen Sein des Volkes"[277] ausgehend, findet für

275 Dubiel: Ungewißheit und Politik, S. 41.

276 Schmitt: Verfassungslehre, S. 234.

277 Ebd., S. 235.

ihn Rousseaus Bemerkung, dass alles gut sei, was das Volk will, seine Bestätigung.

„Die demokratische Gleichheit ist im wesentlichen Gleichartigkeit, und zwar Gleichartigkeit des Volkes."[278] Als demokratischen Körper lässt Schmitt immer nur ein in sich geschlossenes und homogenes Volk gelten. Vor allem wendet er sich gegen universalistische Demokratievorstellungen, wie sie in der Idee *einer* Menschheit im Zuge der Französischen Revolution aufkamen. Aber auch sozialistische und sozialdemokratische Vorstellungen davon, dass eine Nation auf der Basis einer Klasse entstehen könnte, weist er zurück. „Der demokratische Begriff des Volkes bleibt immer bestehen und enthält einen Gegensatz sowohl zum Begriff der Menschheit wie auch zum Begriff der Klasse."[279]

Schmitt trennt in seinem Begriff der Demokratie scharf zwischen Gleichheit und Freiheit. Gleichheit ist für ihn das Prinzip der Demokratie, welches sie als „eine am Prinzip der Identität entsprechende Staatsform"[280] auszeichne. Der auf Freiheit beruhende Demokratiebegriff sei daher ein vom Liberalismus okkupierter Begriff, den es zu entkräften gelte. Er wendet sich gegen die „grenzenlose Ausdehnung" des Begriffes Demokratie und seine Identifizierung mit „verschiedenartigen Idealen und schließlich allem, was ideal, schön und sympathisch ist"[281] Der liberalen Demokratie, die für Schmitt Parlamentarismus und nicht Demokratie im Sinne einer homogenen Staatsform ist, stellt er seinen Begriff von Demokratie entgegen, der auf der Prämisse beruht, dass die „Unterscheidung von Freiheit und Gleichheit die Unterscheidung von Liberalismus und Demokratie"[282] ist.

Der Begriff der Gleichheit entspringt bei Schmitt aus der Distinktion, denn er verwendet ihn keinesfalls in dem Sinne, dass alle Menschen gleich wären, sondern bezieht ihn immer nur auf ein bestimmtes Volk, das sich nach Außen von anderen Völkern unter-

278 Ebd., S. 234.
279 Ebd., S. 234.
280 Ebd., S. 223.
281 Ebd., S. 225.
282 Ebd., S. 225.

scheidet. Die Gleichheit, immer an dem „Korrelat einer möglichen Ungleichheit"[283] ausgerichtet, könne demnach nur nach Innen gerichtet sein, in ein Kollektiv, welches sich aus den „Vorstellungen gemeinsamer Rasse, Glauben, gemeinsames Schicksal und Tradition"[284] bestimmt.

Carl Schmitt lehnt sich mit seinem Gleichheitsbegriff an das Konzept des Allgemeinwillens bei Rousseau an. Wie bei diesem solle der Bürger in der Demokratie die „Identität von Regierenden und Regierten",[285] von „Staat und Volk"[286] verkörpern. Die ideengeschichtliche Anleihe bei Rousseau ist für Schmitts Definition des Politischen, als die Unterscheidung von Freund und Feind, wichtig. So ist „die volonté générale, wie Rousseau sie konstruiert (...) in Wahrheit Homogenität. Das ist wirklich konsequente Demokratie."[287] Diese Homogenität ist für ihn die kollektive Sittlichkeit eines Volkes, auf dessen Grundlage die Unterscheidung von Freund und Feind aufbauen kann. In diesem Sinne: „Zur Demokratie gehört also notwendig erstens Homogenität und zweitens - nötigenfalls - die Ausscheidung oder Vernichtung des Heterogenen."[288]

Gerade aber in dieser Schlussfolgerung wird deutlich, dass Schmitt den Vertragsentwurf von Rousseau umdeutet und auf eine Naturhaftigkeit des Gemeinwillens abstellt. Damit relativiert er die Bedeutung des Vertrages, denn wo Homogenität herrscht, „ist wegen ihrer Naturhaftigkeit der Vertrag sinnlos, wo sie nicht besteht, nützt kein Vertrag."[289] Diesen Unterschied zwischen dem Vertragstheoretiker Rousseau und Schmitt hat Robert Leicht gesehen, wenn er schreibt: „Doch während bei Rousseau, die volonté générale als nachträgliche Fiktion einer rationalistischen

---

283 Ebd., S. 227.
284 Ebd., S. 227.
285 Schmitt: Die geistesgeschichtliche Lage des heutigen Parlamentarismus, S. 20.
286 Ebd., S. 35.
287 Ebd., S. 35.
288 Ebd., S. 147.
289 Ebd., S. 20.

Vertragstheorie erscheint, wird bei Schmitt aus dem homogenen Gesamtwillen eine irrationale, ja antirationale Identität mitsamt allen vorweggenommenen gewaltsamen Folgerungen."[290]
Schmitt kritisiert eine zu starke Partizipation des Volkes an der Souveränität. Er folgert, dass der Identität und Homogenität der Demokratie das Prinzip der direkten Demokratie entgegen steht, denn „alles, was man als Tendenzen und Einrichtungen der unmittelbaren Demokratie bezeichnet und was (...) durchaus von dem Gedanken der Identität beherrscht ist, ist zwar konsequent Demokratisch, kann aber doch niemals eine absolute, unmittelbare, in jedem Augenblick *in realitate präsente* Identität erreichen."[291]

4.9. Parlamentarismus bei Schmitt

Schmitt wendet sich, wie oben gezeigt, scharf gegen das liberale Verständnis der Demokratie. Noch deutlicher lässt sich diese Position anhand der Trennung von Demokratie und Parlamentarismus beobachten. Anders als für den Liberalismus, dem Demokratie und Parlamentarismus das gleiche ist, stellen Parlamentarismus und Demokratie für Schmitt einen Gegensatz dar. „Es kann eine Demokratie geben ohne das, was man modernen Parlamentarismus nennt und einen Parlamentarismus ohne Demokratie."[292] Habermas nannte die Entgegensetzung von Parlamentarismus und Demokratie den „eigentlich problematischen Zug"[293] von Schmitts Denken. Schmitt ist für Habermas ein antidemokratischer Denker, da er „das Verfahren der öffentlichen Diskussion auf die Rolle der

---

290 Leicht: Ein Staatsrecht ohne Recht, zit. nach: Becker: Die Parlamentarismuskritik bei Carl Schmitt und Jürgen Habermas, S. 24.

291 Schmitt: Die geistesgeschichtliche Lage des heutigen Parlamentarismus, S. 35.

292 Ebd., S. 41.

293 Habermas: Die Schrecken der Autonomie. Carl Schmitt auf Englisch, in: Ders.: Eine Art Schadensabwicklung, Frankfurt a.M. 1987, S. 113.

parlamentarischen Gesetzgebung (beschränkt) und (...) es von demokratischer Willensbildung überhaupt (entkoppelt)."[294]
Für Schmitt ist Parlamentarismus gleichbedeutend mit Liberalismus. In diesem stehe wie im Parlamentarismus der „dialektisch-dynamische(n) Prozess der Diskussion"[295] an zentraler Stelle, beide hätten dieselben zwei charakteristischen Forderungen: das Postulat der Öffentlichkeit des politischen Lebens und die Gewaltenteilung.[296] „Durch Öffentlichkeit und Diskussion allein glaubte man die bloß tatsächliche Macht und Gewalt – für liberal-rechtstaatliches das an sich Böse, *the way of beasts*, wie Locke sagt – überwinden und den Sieg des Rechts über die Macht herbeiführen zu können."[297] Aber gerade die als wesentliches demokratisches Prinzip geltende Gewaltenteilung widerspreche von Grund auf dem wirklichen Prinzip der Demokratie: der Identität.
Im liberalen Parlamentarismus herrsche allenthalben das Prinzip der Balance, welches am deutlichsten in der Trennung der Exekutive von der Legislative werde. Der Liberale Locke habe es mit einem banalen Satz auf den Punkt gebracht: es wäre gefährlich, wenn die Behörde, welche die Gesetze erlässt, sie auch selbst ausführt; das wäre eine zu große Versuchung für die menschliche Machtgier; deshalb darf weder der Fürst als Haupt der Exekutive noch das Parlament als Gesetzgebungsorgan alle staatliche Macht in sich vereinigen.[298]
Gegen diesen liberalen Gedanken, den Schmitt an vielen Stellen mit den *Federalists* und den Vereinigten Staaten von Amerika[299] identifiziert, welche ihm „als eine Regierung der Gesetze im Gegen-

---

294 Ebd., S. 113.

295 Schmitt: Die geistesgeschichtliche Lage des heutigen Parlamentarismus, S. 60.

296 Vgl.: Ebd., S. 46.

297 Ebd., S. 61.

298 Vgl.: Ebd., S. 51f.

299 „Man wußte längst, daß die Idee der liberalen Freiheitsrechte aus den nordamerikanischen Staaten stammt." (Schmitt: Politische Theologie, S. 66.)

satz zu einer Regierung der Menschen"[300] erscheinen, wendet er ein, dass selbst die Vereinigung der Gewalten in der Diktatur ganz und gar nicht der Demokratie entgegen stehe. Gegen den Glauben an die durch Diskussion und Abwägung im Parlament entstandenen Beschlüsse führt Schmitt den auf der Autorität des Souveräns sich gründenden Befehl. *„Autoritas, non Veritas facit Legem"*[301] (Thomas Hobbes). Das Parlament sei allein auf die Gesetzgebung beschränkt und daher in diesem Sinne zur Rechtsetzung gar nicht fähig. Es könne verwalten, nicht entscheiden. Schmitt prognostiziert das unausweichliche Ende des Parlamentarismus, dessen Prinzip zu einer „leeren und nichtigen Formalität"[302] verkommen sei.

Eine Diktatur könne dieses Problem lösen ohne den Boden der Demokratie verlassen zu müssen. Denn eine Diktatur widerspreche der Demokratie nicht nur nicht, sie ist nur möglich auf einer demokratischen Grundlage. Sie widerspricht allein den liberalen Prinzipien des Gesetzesstaates, weil dieser die Kompetenzen der politischen Führung immer normieren müsse, aber die Kompetenzen des Diktators ja gerade von seinem eigenen Ermessen abhängen. Anders als Hans Kelsen, der bereits die Justiz als wirksamen Verfassungsschutz ansah, verkörpert im Verfassungsgericht, plädierte Schmitt in *Der Hüter der Verfassung* für die „kommissarische Diktatur" des Reichspräsidenten.[303]

Schmitt wendet sich gegen den Gedanken, dass es Sinn des Parlamentarismus sei, das technische Problem der Beteiligung aller Bürger an der Politik zu lösen. Das Parlament ist für Schmitt nicht aus praktischen Gründen eingeführt worden, wie es der Liberalismus zur Rechtfertigung des Parlamentarismus behauptet. „Dadurch erscheint der Gedanke des Parlamentarismus als etwas wesentlich demokratisches. Aber trotz aller Gleichzeitigkeit und

---

300 John Marshall: Zit. nach: Schmitt: Die geistesgeschichtliche Lage des heutigen Parlamentarismus, S. 53.

301 Ebd., S. 54.

302 Ebd., S. 63.

303 Vgl.: Mehring: Carl Schmitt zur Einführung, S. 50.

aller Zusammenhänge mit demokratischen Ideen ist er das nicht".[304] Vielmehr sei das innere Prinzip des Parlaments die öffentliche Diskussion, das Parlamentieren, welches zunächst nichts mit Demokratie zu tun hätte. Das „ewige Gespräch"[305] des Parlaments hat für Schmitt bekanntlich seinen Ursprung in der politischen deutschen Romantik, die ganz im Gegensatz zu dem, was häufig fälschlicherweise mit ihr verbunden wird, nichts mit Konservatismus und Anti-Liberalismus zu tun habe. Auch Arendt hebt mit Bezug auf Schmitt hervor, dass es ein Irrtum sei, die politische Romantik für den völkischen und rassistischen Charakter des deutschen Nationalismus verantwortlich zu machen. Dieser habe überhaupt keine stringente Theorie entwickelt, sondern vielmehr sich aller möglicher Philosophien und entgegengesetzter Theoriebruchstücke bedient. Dies habe Schmitt deutlich erkannt.[306]

„Die *geistesgeschichtliche Lage* beschreibt den Prozess einer Selbstzersetzung, daß der ‚relative' Rationalismus des Parlamentarismus am ‚Problem der Willensbildung' scheiterte."[307] Auch in seiner *Verfassungslehre* betont Schmitt das Scheitern des Parlamentarismus. Dieser hat für Schmitt längst seine diskursiven, seinen öffentlichen und auch seinen repräsentativen Charakter verloren und ist zu einer Art Behörde degeneriert.[308] Schmitt konstatiert den generellen Verlust des Glaubens an die Prinzipien der Diskussion und der Öffentlichkeit. Der Parlamentarismus sei ein Gesetzgebungsstaat, der sich allein auf seine Legalität berufen darf. Er sieht den „entschiedenen Ausdruck des Gemeinwillens in *Normierungen*."[309] In einem solchen Staat herrschen, oder besser: gelten Gesetze, und nicht Menschen, Autoritäten oder Obrigkeiten. Dadurch werde im „Gesetzgebungsstaat" jede Art von Macht und Herrschaft durch die Gewaltenteilung und den damit einhergehenden Vorrang des

304 Schmitt: Die geistesgeschichtliche Lage des heutigen Parlamentarismus, S. 42.

305 Ebd., S. 46.

306 Vgl.: Arendt: Elemente und Ursprünge, S. 369ff.

307 Mehring: Carl Schmitt zur Einführung, S. 39.

308 Vgl.: Schmitt: Verfassungslehre, S. 319.

309 Schmitt: Legalität und Legitimität, S. 7.

Gesetzes abgeschafft. „Die geschriebene Verfassung des parlamentarischen Gesetzgebungsstaates muß sich grundsätzlich auf organisatorische und verfahrensrechtliche Regelungen beschränken."[310]
Der parlamentarische Gesetzgebungsstaat, Schmitt hat immer Weimar vor Augen, folge einer rein funktionalistischen Denkweise, die verantwortlich dafür ist, dass „Recht, Gesetz und Legalität (...) zu ‚neutralen', gegen jeden Inhalt gleichgültigen, jedem Inhalt zugänglichen Verfahrensweisen und Abstimmungsprozeduren"[311] werden. Schmitt betont die „Unfähigkeit" des Parlamentarismus, über den Ausnahmezustand zu entscheiden.

4.10. Schmitts Demokratie als Gegensatz zu Arendts Republikanismus

Bereits im Kapitel 2.4. „Arendt und Schmitt" wurden die gegensätzlichen Vorstellungen der beiden Denker von Politik dargestellt. Arendts Verständnis von Politik spiegelt sich, wie gezeigt, im Republikanismus und in der Räteorganisation wieder. Auch Schmitts Begriffe und Positionen werden in seinem Begriff der Demokratie deutlich. Wenn im Folgenden Arendts Republikbezug mit Schmitts Demokratiebezug kontrastiert wird, dann werden erneut auch die beiden Grundpositionen zu der Frage was Politik ausmacht diskutiert. Insbesondere soll der Gegensatz zwischen Schmitt und Arendt anhand der Rolle deutlich gemacht werden, die Rousseau in beiden Politikauffassungen spielt.
Arendt war von der Sorge getrieben, dass die Demokratie ohne eine Teilhabe an der Macht in eine totalitäre Demokratie umschlagen könnte. Wenn die Politik zum Beruf wird, „dann ist der Bürger repräsentiert (...), doch repräsentiert und delegiert können nur Interessen und die Sorge um die allgemeine Wohlfahrt der Wählerschaft werden, keinesfalls aber ihre Fähigkeit zu handeln

310 Ebd., S. 27.
311 Ebd., S. 28.

oder auch nur ihre Meinungen."[312] Die zum Beruf gewordene Politik tendiere dazu, sich abzuschaffen. Die zum Wähler degradierten Bürger und die zu Berufspolitikern aufgeschwungenen Experten sind für Arendt im gewissen Sinne die Immunschwäche der parlamentarischen Demokratie.

Arendt folgt durchaus der Schlussfolgerung Schmitts, dass der liberale Gesetzgebungsstaat zu einer verwaltenden Behörde verkommt. Während allerdings Schmitts Parlamentarismuskritik eine Pluralismuskritik impliziert, verhält es sich bei Arendt genau umgekehrt. Sie bemängelt, dass durch die professionalisierte Politik der Parteienherrschaft gerade die Pluralität der Menschen vereinheitlicht wird. Der Bürger erscheine nur noch als gleichgeschalteter Wähler, es fände keine Diskussion, kein Wettstreit der Meinungen statt.

Schmitt lässt Pluralität immer nur als eine Pluralität verschiedener homogener Einheiten zu. Eine politische Einheit setze immer auch die reale Möglichkeit eines Feindes, also einer anderen, koexistierenden politischen Einheit voraus. Es kann für ihn niemals nur eine einzige politische Einheit, einen *Welt*staat geben. Die politische Welt sei daher immer ein Pluriversum, niemals aber ein Universum. „Insofern ist jede Staatstheorie pluralistisch, wenn auch in einem anderen Sinne als (in dem einer) innerstaatlich-pluralistischen Theorie."[313]

Sowohl Schmitt als auch Arendt ziehen Rousseaus Konzept einer volonté générale heran, um sich zur Stellung der Pluralität in der Politik zu positionieren. Schmitt lehnt innere Pluralität durchweg ab und führt die Homogenität als Identität von Regierendem und Regiertem gegen sie ins Feld. Rousseau ist ihm Zeuge, denn auch dieser hätte erkannt, dass Homogenität die Grundlage des Volkes sein müsse. Gleichzeitig relativiert er die Bedeutung des Vertrages, der schließlich an wesentlicher Stelle in Rousseaus Theorie steht, um aus Rousseau einen Weggefährten im Kampf für die existentielle Homogenität des Volkes zu machen.

---

312 Arendt: Über die Revolution, S. 346.

313 Schmitt: Begriff des Politischen, S. 54.

Arendt hingegen kritisiert Rousseau scharf. Seine Theorie der volonté générale wäre von Robespierre in die Praxis und damit in Mord und Totschlag umgesetzt worden. Denn die Idee einer volonté générale würde sich die Gesellschaft als einen Körper vorstellen, der auf der einhelligen Meinung aller beruhe. Eine andere Meinung könnte eine solche Gesellschaft nicht zulassen. Mehr noch, die Gesellschaft würde sich notwendig erst gegen ein feindliches Drittes zusammenfinden.

Rousseaus volonté générale beruhe auf der Herrschaft der öffentlichen Meinung und nicht auf der Öffentlichkeit. Diese wiederum bestehe, im Gegensatz zur Herrschaft der öffentlichen Meinung, auf Pluralität. Gerade diesen Punkt hätten die amerikanischen Revolutionäre erkannt. Ihnen wäre die Pluralität in innenpolitischen Fragen immer von höchster Bedeutung gewesen. Das „Volk" erschien ihnen nie als ein Singular. Diese „ehrfurchtgebietend(e)"[314] Pluralität führe aber nicht, wie für Schmitt, notwendig zu Schwäche und dem „ewigen Gespräch" des Parlamentarismus. Ganz im Gegenteil. Ausgehend von dem Gedanken Montesquieus, dass Teilung nicht gleichzeitig Verlust, sondern vielmehr die Grundlage der Macht ausmache, würde die Pluralität Politik erst ermöglichen. „Je mehr Standpunkte es in einem Volk gibt, von denen die gleiche, Alle gleichermaßen behausende und Alle gleichermaßen vorliegende Welt gesichtet werden kann, desto bedeutender und weltoffener wird die Nation sein."[315]

Für Schmitt bedeutet die Herrschaft der Pluralität das Ende der Souveränität, denn in einer Pluralität der Meinungen kann keine Entscheidung getroffen werden. Gerade gegen eine solche Souveränitätsvorstellung wendet sich Arendt in ihrem Republikanismusmodell.

In der Pluralität besteht ein Wettkampf der Meinungen. Anders als bei Schmitt, dem es um die souveräne Entscheidung geht, ist es Arendt mit ihrem agonalen Handlungsmodell an einer Diskussion gelegen, die Vereinheitlichung der Machtbefugnis auf einen

---

314 Arendt: Über die Revolution, S. 118.

315 Arendt: Was ist Politik?, S. 106.

Souverän wird von Arendt strikt abgelehnt. Mit Montesquieu argumentiert sie gegen Hobbes und Rousseau. Gewaltenteilung bedeute, dass Macht nicht nur kontrollierbar, sondern auch teilbar ist, ohne dass dadurch die Macht an Qualität einbüßen müsse. Das bedeutet für Arendt, dass Macht nicht gleichbedeutend mit Souveränität ist, dass vielmehr Macht und Souveränität, ganz so wie Macht und Gewalt, sich widersprechen. Macht entsteht für sie durch das gemeinsame Handeln mehrerer Menschen. Macht gehört für Arendt demnach dem Raum zwischen den Menschen an, während Souveränität durch den Willen des Herrschers gesetzt ist. Eben jene Auflösung der Souveränität sei die größte Errungenschaft des Republikanismus der Amerikanischen Revolution gewesen. Die Amerikanische Revolution habe es geschafft, „den Anspruch der Macht auf Souveränität im politischen Körper der Republik konsequent zu eliminieren, denn im Bereich menschlicher Angelegenheiten kann Souveränität schließlich und endlich immer nur auf Gewaltherrschaft durch einen Tyrannen hinauslaufen."[316]
Die Verbindung von Freiheit und Souveränität, wie sie von denen vertreten wird, die die Souveränität als das Durchsetzungsvermögen gegen andere begrüßen und in dieser Unabhängigkeit von allen anderen Freiheit sehen, wird von Arendt als fatal abgelehnt. Eine auf der Souveränität beruhende Freiheit könne nur auf der Un-Souveränität der anderen aufbauen. Freiheit ist für Arendt, im Gegensatz zu dieser Auffassung, immer Nicht-Souveränität. „Auch die Souveränität eines politischen Körpers ist immer nur ein Schein, der zudem niemals anders als mit den Mitteln der Gewalt aufrechterhalten werden kann."[317] Schon die Griechen hätten die Souveränität in der Politik als ein Eindringen der Herrschaft vom Haushalt her kritisiert. „Sie befürchteten (...), daß die Souveränität des *homo faber*, seine Herr- und Meisterschaft, in der Hybris enden würde, wenn man ihm den politischen Bereich eröffnet."[318] In einer in der zweiten Auflage des Aufsatzes „Freiheit

316 Arendt: Über die Revolution, S. 199f.

317 Arendt: Freiheit und Politik, S. 214.

318 Ebd., S. 295.

und Politik" vorhandenen Fußnote bringt Arendt Schmitt mit der von ihr kritisierten politischen Souveränität in Verbindung: „Carl Schmitt has remained the most consistent and the most able defender of the notion of souvereignity. He recognizes clearly that the root of souvereignity is the will".[319] Kalyvas weist darauf hin, dass Arendt Schmitts Definition der Souveränität übernahm, als sie schrieb, „that the souvereign (...) (is) bound by no universal law and acknowledge(s) nothing superior to itself.'"[320]

4.11. Souveränität und Ausnahme

Arendt kritisiert also die Verbindung von Politik und Souveränität nicht nur scharf, sie wendet sich dabei auch explizit gegen Carl Schmitt. Die Souveränität spielt bei Schmitt nicht nur eine entscheidende Rolle in seinem Politikbegriff, sondern ist auch eng mit seinem Denken von der Ausnahme her verbunden. Der Darstellung von Schmitts Souveränitäts- und Ausnahmezustandsvorstellungen folgt daher der Vergleich mit Arendts politischem Denken, dass sich, wie bereits ausgeführt, eher für die Ausnahme als für die Normalität interessiert.

Schmitt stellt sich in die Tradition der Souveränitätstheorie, die mit Jean Bodin und dessen Werk „Les Six Livres De La Republique" beginnt. Bodin ist für Schmitt der erste Souveränitätstheoretiker und zugleich auch der erste moderne Staatstheoretiker überhaupt. Das, was Schmitt an Bodin imponierte, war die Tatsache, dass dieser die Souveränität als unteilbar setzte. Damit hat Bodin die Dezision in den Souveränitätsbegriff hineingetragen. Schmitt hebt hervor, dass der Souverän bereits bei Bodin über den Ausnahmezustand entscheidet. Dieser spricht bereits davon, dass „die Befugnis, das geltende Gesetz aufzuheben – sei es generell, sei es im einzelnen Fall

319 Arendt: Freiheit und Politik (FN 7), S. 411.

320 Kalyvas: From Act to Decision. Hannah Arendt and the Question of Decisionism, in: Political Theory, Vol. 32 No. 3, S. 329.

-, (...) das eigentliche Kennzeichen der Souveränität, daß Bodin alle anderen Merkmale (...) daraus ableiten will."[321]
Besonders intensiv war Schmitts Auseinandersetzung mit Thomas Hobbes und dessen Bild des Leviathans. Im Zentrum seiner Überlegungen zum *Problem der Souveränität als Problem der Rechtsform und der Entscheidung*[322] steht die Hobbessche Formel: „auctoritas, non veritas facit legem".[323] Gegen John Locke, „the Law gives authority",[324] führt Schmitt Hobbes als Dezisionisten ins Feld. „Der klassische Vertreter des (wenn ich dies Wort bilden darf) dezisionistischen Typus ist Hobbes."[325]
Weitere Bezugspunkte sind die katholischen Gegenrevolutionäre De Maistre, Bonald und Donoso Cortes der Zeit zwischen 1789 und 1848. De Maistre, der sich auf Hobbes bezieht, habe mit Vorliebe von Souveränität gesprochen, die bei ihm im wesentlichen Dezision war. Aufgeschreckt von der Revolution 1789 und der Negation der Souveränitätsansprüche des Königs durch die Aufklärung, fordert De Maistre die Unfehlbarkeit der Souveränität und die Absolutheit jeder Regierung.[326]
Donoso Cortes steigerte die Souveränität zur Diktatur. „Es gehört zur Geistesart von Cortes, immer den extremsten Fall anzunehmen, das jüngste Gericht zu erwarten."[327] Schmitt sah sich in dieser Tradition den gleichen Kampf führen.
Souveränität ist in Schmitts Definition ein Begriff, der nicht an den Normalfall, sondern nur an einen Grenzfall anknüpfen kann. Die Formel ist bekannt: „Souverän ist, wer über den Ausnahmezustand

---

321 Schmitt: Politische Theologie, S. 16.
322 So der Titel des Kapitels II der Politischen Theologie.
323 Ebd., S. 39.
324 Ebd., S. 38.
325 Ebd., S. 39. Diese Vereinnahmung Hobbes durch Schmitt erscheint zumindest vor dem Hintergrund, dass Hobbes Souveränität mit dem Gesetz verschränkt und so für die Einschränkung der Herrschaft gesorgt hat, problematisch. Ebenso ist Arendts Kritik an Hobbes überzogen. Sie meint gar, dass „der Staat des ‚Leviathan' totalitär" (Brunkhorst: Hannah Arendt, S. 64) sei.
326 Vgl.: Schmitt: Politische Theologie, S. 60.
327 Ebd., S. 67.

entscheidet."[328] In der Normalität, so Schmitt, wird diskutiert, im Ausnahmezustand ist dies nicht mehr möglich, hier muss entschieden werden, sonst droht der Untergang der politischen Einheit. Erst die Ausnahme macht daher für Schmitt die Souveränität aktuell.

Die liberale „rechtsstaatliche" Auffassung habe, darin sieht Schmitt ihren großen Fehler, kein Interesse an der Ausnahme gezeigt, weil für sie nur das Erkennbare und Normale existiert und alles andere als Störung wahrgenommen wird. Daher habe sie die Frage der Souveränität von vornherein gar nicht aufkommen lassen. Gegen diese positivistische Staatslehre, insbesondere gegen Hans Kelsen, der von der Annahme ausgeht, dass nur der Normalfall wissenschaftlich zu untersuchen sei, wendet Schmitt ein: „Das Normale beweist nichts, die Ausnahme beweist alles."[329]

Im Zentrum des politischen Denkens von Carl Schmitt steht die Sorge um die politische Einheit. Diese ist für ihn durch die ständige Drohung des Ausnahmezustandes gefährdet. Wenn der politischen Einheit die Fähigkeit der souveränen Entscheidung über den Ausnahmezustand verloren geht, würde sie untergehen. Da in der liberalen Demokratie keine Souveränität zur Entscheidung besteht, gibt es in ihr für Schmitt auch keinen Schutz vor der Ausnahme.

Die Souveränität ist in Schmitts Begriff von Politik somit der Garant für das Fortbestehen der politischen Einheit. Schmitt begreift die Entscheidung für den Souverän als eine Entscheidung für die Entscheidung. Er ist für ihn der Einzige, der fähig ist, die Einheit zu bewahren. Der Souverän sorge dafür, dass im Ausnahmezustand die Ordnung bestehen bleibt, während das Recht zurücktritt. Damit beweise die Autorität, dass sie, um Recht zu schaffen, nicht Recht zu haben braucht. Schmitt stellt in seinem Konzept von Politik daher auf die Kontingenz der Entscheidung ab, während Arendt in ihrem republikanischen Politikverständnis auf die Möglichkeit des Neuanfangs setzt.

In Donoso Cortes entdeckt Schmitt einen Bruder im Geiste. Der katholische Gegenrevolutionär befände sich ebenso wie er im

328 Ebd., S. 13.
329 Ebd., S. 21.

Kampf gegen die Feinde der Dezision: Jene, die auf die Frage: „Jesus oder Barrabas, mit einem Vertagungsantrag oder der Einsetzung einer Untersuchungskommission“[330] antworten würden. Genauso wie Cortes hat sein politischer Souveränitätsbegriff eine enge Bindung an die Theologie. „Alle prägnanten Begriffe der modernen Staatslehre sind säkularisierte theologische Begriffe.“[331] Säkularisierung begreift Schmitt als Vermittlung, als die Sichtbarmachung der transzendenten Welt in der realen Welt. Mittels einer politischen Theologie soll die verlorene Einheit von Religion und Politik wiederhergestellt werden.

Der Begriff der Ausnahme hat in Schmitts Begriffssoziologie einen engen Bezug zur Theologie. „Der Ausnahmezustand hat für die Jurisprudenz eine analoge Bedeutung wie das Wunder für die Theologie.“[332] Zeige sich im Wunder die Omnipotenz Gottes, so werde im Ausnahmezustand die Omnipotenz des Souveräns deutlich.

Schmitt greift den Normativismus an, weil dieser zugleich das Wunder und die Ausnahme aus der Welt verbannt habe. Die staatstheoretische Entwicklung des 19. Jahrhunderts hat für ihn daher zwei charakteristische Momente: „die Beseitigung aller theistischen und transzendenten Vorstellungen und die Bildung eines neuen Legitimitätsbegriffes.“[333]

Ausnahme, Souveränität und Entscheidung sind für ihn drei aufeinander bezogene Begriffe. Erst in der Ausnahme beweise sich Souveränität durch die Fähigkeit, Entscheidungen zu treffen. Dieser enge Zusammenhang zeichnet Schmitts politisches Denken als ein Denken vom Ausnahmezustand aus. Schmitts Denken von der Ausnahme her wendet sich gegen Max Webers Begriff der Politik, der vom Normalfall ausgeht. Weber stellt den Staat an das Ende einer Kette von Rationalisierungen. Zu den wichtigsten Aspekten des modernen Kapitalismus gehörte für Weber die „rationale Struktur“ des Rechts, welche Ergebnis des okzidentalen Säkularisierungs-

330 Ebd., S. 66.
331 Ebd., S. 43.
332 Ebd., S. 43.
333 Ebd., S. 54.

prozesses war. „Max Weber hatte schon davon gesprochen, daß im rationalisierten Betrieb des modernen Staates ‚die Legalität als Legitimität gelten kann'. Nach der Prognose Max Webers gehört die Zukunft der intelligenten, fachlich gebildeten Bürokratie, weil sie die eigentliche Trägerin des durchtechnisierten, mit innerer rationaler Folgerichtigkeit nach legalen Normen arbeitenden Betriebes ‚Staat' ist."[334] Gerade gegen ein solches von Normierung und Normalität ausgehendes Politikverständnis wendet sich Schmitt in seinem im Jahr 1923, in einer als *Erinnerungsgabe für Max Weber* herausgegebenen Band enthaltenen Artikel zur *Soziologie des Souveränitätsbegriffes und politische Theologie*, der bereits im Jahr 1922 unter dem programmatischen Titel *Politische Theologie* erschien. „Der moderne Staat scheint wirklich das geworden zu sein, was Max Weber in ihm sieht: ein großer Betrieb."[335]

Schmitt setzt die Ausnahme als ein methodisches Argument ein, weil er davon ausgeht, dass der Normalfall nichts, die Ausnahme aber alles beweisen würde. „In der Ausnahme durchbricht die Kraft des wirklichen Lebens die Kruste einer in Wiederholung erstarrten Mechanik."[336] Schmitt hatte demnach auch kein Interesse daran, den Ausnahmefall zu vermeiden.

Der entscheidende Punkt in Schmitts Beschäftigung mit der Ausnahme ist, dass sich in dieser Souveränität konstituiert. Bei Arendt verhält es sich genau umgekehrt. Souveränität wird von ihr scharf kritisiert und aus dem Bereich des Politischen verdrängt. In der Ausnahmesituation der Amerikanischen Revolution, die anders als die Französische durch einen Neuanfang geprägt war, wird Souveränität durch Pluralität ersetzt. Während Schmitt sich positiv auf den Ausnahmezustand bezieht, weil in einem solchen die Möglichkeit zur Überwindung der Pluralität und zur Konstituierung der Souveränität besteht, wird von Arendt eine Ausnahmesituation nur dann begrüßt, wenn diese einen politischen Neuanfang fern der Souveränität hervorbringt.

---

334 Schmitt: Der Leviathan in der Staatslehre des Thomas Hobbes, S. 101.

335 Schmitt: Politische Theologie, S. 69.

336 Ebd., S. 10.

Folgt man meiner These, dass der Totalitarismus eine Ausnahmesituation darstellte, weil er einen radikalen Bruch mit der politischen Tradition bedeutet hat, so lässt sich für Arendt sagen, dass es keine einheitliche Bewertung der Ausnahme gibt. Wurde diese im Falle der Amerikanischen und Ungarischen Revolution als die Möglichkeit eines politischen Neubeginns begrüßt, so bedeutet die Ausnahmesituation im Fall der totalen Herrschaft den Bruch mit der Zivilisation und das Ende der Politik.

5. Fazit

Arendt versucht Politik unabhängig vom Staat zu bestimmen. Sie entwickelt hierzu anhand der Begriffe Pluralität, Neuanfang und Handeln ein Verständnis von Politik, welches zunächst nichts mit dem Staat zu tun hat. Aus dem Zusammenhandeln der Menschen und dem gemeinsamen Beginnen von etwas Neuem entsteht einen Bereich, den sie scharf von dem des Verwaltens und Beherrschens trennt. So gelingt es ihr, Politik unabhängig vom Staat zu begreifen. Schmitt verfährt ähnlich. Für ihn ist der Bereich der Politik vom Staat zunächst unberührt. Der Bereich des Politischen geht dem des Staates voraus. Der Unterschied zwischen beiden liegt in der entgegengesetzten Auffassung von dem, was Politik ist. Schmitt umschreibt sein Verständnis des Politischen mit Begriffen wie Souveränität, Kampf, Entscheidung, Freund und Feind. Arendt wendet sich explizit gegen solche politischen Begriffe. Sie stellt der Souveränität die Pluralität gegenüber. Diese wird von Schmitt wiederum nur als die Voraussetzung dafür zugelassen, dass es das Andere, Fremde und somit Feindliche gibt. Gegen den Begriff des Kampfes führt Arendt die Diskussion, die nicht notwendig harmonisch wirken muss, da die Bürger sich durchaus auch agonal gegenüber treten, ins Feld. Schmitt hingegen begreift den Kampf als eine existentielle Notwendigkeit.

Auch in Arendts Überlegungen zu der Bedeutung von Revolutionen wird deutlich, dass sie die Politik unabhängig vom Staat zu begreifen versucht. Der Republikanismus der Amerikanischen Revolution ist nicht vom Staat, sondern vom gemeinsamen Handeln der Bürger geprägt. Ebenso ist die Räteorganisation eine Form der Politik, die von Unten etwas Neues zu beginnen wagt. Diesen Formen der politischen Organisation stellt sie im Falle des amerikanischen Republikanismus den Nationalstaat der Französischen Revolution und im Falle der Räteorganisation das etatistische Parteiensystem entgegen.

In ihrer Untersuchung zur totalen Herrschaft spielt der Staat wiederum eine andere Rolle. Der Nationalstaat, wie er in der

Französischen Revolution entstanden ist, scheint der einzige zu sein, dem es möglich wäre, die totale Herrschaft aufzuhalten. Gerade in dem Moment, in dem man davon ausging, dass Stalinismus und Nationalsozialismus einen übermächtigen Staat zum Inhalt hatten und die Politik in alle noch so privaten Bereiche der Bürger eingedrungen ist, behauptet Arendt das genaue Gegenteil. Mit der Konstituierung der totalen Herrschaft wurde der Staat zerstört. Die Rolle der Politik ist von der des Staates in Arendts Werk also nicht konsequent unabhängig. Mal erscheinen Staat und Politik getrennt voneinander, wie in ihren Untersuchungen zur Amerikanischen und Ungarischen Revolution und in ihren späteren Überlegungen in *Vita Activa*, mal ist der Staat wie im Falle der totalen Herrschaft der Garant dafür, dass die Politik nicht vernichtet wird.

Ein ähnliches Verhältnis besteht zwischen den beiden Denkern im Bezug auf die Betrachtung von Ausnahmesituationen. Arendt hat den Begriff der Ausnahme nicht explizit benutzt. Dennoch beginnt sie, unter dem Eindruck einer radikalen Ausnahmesituation, darüber nachzudenken, was Politik überhaupt ist. Die menschliche Tradition hat für Arendt erst mit der Errungenschaft der Politik begonnen. Diesen Anfang entdeckt sie in der antiken Polis. Der Totalitarismus hat diese Tausende Jahre alte Tradition mit einem Schlag beendet. Dieser Traditionsbruch war eine Ausnahmesituation. Er hat nichts mehr so gelassen, wie er es vorgefunden hat. Sowohl Politik, als auch der Staat haben aufgehört zu existieren.

Anhand der Überlegungen zu der politischen Bedeutung von Revolutionen lässt sich eine zweite Ebene ausmachen, auf der Arendt sich mit Ausnahmesituationen beschäftigte. Allerdings betrachtet sie in der Ausnahmesituation einer Revolution nicht die Zerstörung der Politik, sondern die Möglichkeit der Kreation von Politik unabhängig vom Staat. Revolutionen stellen erupierende Ereignisse in einem scheinbar stringenten Geschichtslauf dar. Sie sind Ausnahmen von der politischen Normalität. Gerade aus diesem Grund, weil sie das Potential besitzen, Geschichtsläufe zu durchbrechen, haben sie Arendts Interesse geweckt. Die Möglichkeit, einem vermeintlichen

Schicksal zu entgehen, einen neuen Anfang zu machen, ist ein Gedanke, der elementare Bedeutung in Arendts Politikverständnis hat. Der Neubeginn stellt eine Kraft dar, die beweist, dass Menschen in gemeinsamer Aktion ihr Schicksal selbst in die Hand nehmen können.

Revolution ist für Arendt gleichsam Hoffnung. Deutlich wird dies in ihren Betrachtungen zu der Ungarischen Revolution. Durch den Aufstand in Ungarn, ist sich Arendt gewiss, dass totale Herrschaft ihr Ziel nie völlig erreichen kann. Die Revolution durchbricht den durch den Totalitarismus vorgezeichneten Weg eines vermeintlich unausweichlichen geschichtlichen Gesetzes.

Die Revolution durchschlägt nicht nur Geschichtsläufe, sie schafft auch neue politische Räume. Dadurch, dass die Menschen zusammenfinden und politisch handeln, entsteht Freiheit. Die Bedeutung solcher Ausnahmesituationen in Arendts politischem Denken wird an dem Stellenwert deutlich, den sie diesen Ereignissen zugesteht. Revolutionäre Momente enthalten mehr Geschichte als die Normalität. Sie sind potenzierte Geschichte, wert erinnert zu werden. Die Taten der Revolutionäre machen diese für die Nachwelt unvergesslich.

Aus der Ausnahme entsteht ein „Geist der Revolution", der sich in neuen politischen Institutionen materialisieren kann. Ganz neue Arten der politischen Organisation können entstehen. Immer wieder in der kurzen Geschichte der Revolution sind Räte, freie Vereinigungen, entstanden. Hieran entwickelt Arendt ihr Ideal einer republikanischen Gesellschaft, die fern aller Souveränität durch den Bürger in gemeinschaftlichem Handeln entsteht.

Deutlich wird an diesem Punkt, dass es Arendt nicht ausschließlich um die Betrachtung von Ausnahmesituationen geht, sondern dass sie sich durchaus auch für die der Ausnahme folgende Normalität interessiert. Die Räteorganisation ist eine auf Dauer eingerichtete politische Organisationsform. Genauso wie in der Verfassung der Amerikanischen Revolution soll in dieser der aus der Ausnahme entspringende Geist materialisiert und bewahrt werden.

Arendt wendet sich also nicht per se gegen die Normalität. Allerdings verwahrt sie sich gegen die Vorstellung einer politischen Wissenschaft, die sich ausschließlich mit der Normalität, also dem Regieren und Verwalten beschäftigt. Scharf wendete sie sich gegen die von ihr als etatistisch eingestufte Sozialwissenschaft der 50er und 60er Jahre. Zusammenfassend lässt sich daher sagen, dass für Arendt der Ausnahmefall im Gegensatz zur Normalität interessanter ist.

In diesem Punkt trifft sie sich mit Schmitt. Die jeweiligen Bewertungen des Ausnahmezustandes fallen, wie die Antworten auf die Frage, was Politik ist, konträr zueinander aus. Schmitt denkt von der Ausnahme her. Diese enthüllt die wirklichen politischen Eigenschaften. Denn erst in der Ausnahmesituation wird die Unterscheidung zwischen Freund und Feind notwendig. Hier entscheidet sich, ob der Souverän auch souveräne Entscheidungen, notfalls über Leben und Tod, fällen kann. Die Ausnahme ist für Schmitt daher von existentieller Bedeutung. Ohne sie gibt es keine Politik.

Arendt betrachtet verschiedenste Formen von politischen Ereignissen, die als Ausnahmezustände bezeichnet werden können. Sie hat im Gegensatz zu Schmitt aber keine existentielle Deutung des Ausnahmezustandes. Der Totalitarismus wird als die Zerstörung der Politik begriffen, die Amerikanische und Ungarische Revolution und auch die Gründung der Polis hingegen werden positiv, als die Fähigkeit des politischen Neuanfangs, bewertet. Eine einheitliche Sicht, die Rede von „dem Ausnahmezustand", wie dies bei Schmitt zu finden ist, schließt sich daher von vornherein aus. Dies mag der Grund sein, warum Arendt überhaupt nicht vom „Ausnahmezustand" oder der „Ausnahme" spricht.

Während bei Schmitt in der Ausnahmesituation Souveränität und Dezision erst wirklich nötig und möglich ist, er also ein von Grund auf positives Verhältnis zur Ausnahme hat, ist dies bei Arendt nicht so.

Die totale Herrschaft hat etwas völlig neues begonnen. Sie war in diesem Sinne eine Ausnahme, ein Bruch, wie Arendt sagte. Während Schmitt den Nationalsozialismus als eine neue Form der

Souveränität und des konkreten Ordnungsdenkens begrüßte, bedeute er für Arendt den totalen Bruch mit aller abendländischen Tradition. Für Schmitt findet in der Ausnahme die Politik zu sich selber, da es einer Entscheidung bedarf und Souveränität sich beweist. Für Arendt hingegen besteht in der Ausnahme die Möglichkeit, dass Politik schlechthin vernichtet wird.

Auf der anderen Seite sieht Arendt in den revolutionären Ausnahmen die Möglichkeit, Souveränität und Herrschaft gänzlich aus dem politischen Bereich zu verdrängen. Die Amerikanische Revolution war gerade deshalb eine Ausnahme, weil sie mit allen vorherigen Herrschaftsformen gebrochen hat und einen neuen Anfang wagte. Nicht die souveräne Entscheidung hat dies ermöglicht, sondern das gemeinsame Handeln der Menschen. Der gemeinsame Neuanfang steht also im Vordergrund und damit auch gegen Schmitts Dominanz der Herrschaft und der souveränen Entscheidung.

6. Literatur

Adorno, Theodor W./Horkheimer, Max: Dialektik der Aufklärung. Philosophische Fragmente, in: Dieselben: Gesammelte Schriften, Bd. 3, Frankfurt a.M. 1997.

Ahrens, Stefan: Die Gründung der Freiheit. Hannah Arendts politisches Denken über die Legitimität demokratischer Ordnungen, Oldenburg 2004.

Althaus, Claudia: Erfahrung denken: Hannah Arendts Weg von der Zeitgeschichte zur politischen Theorie, Göttingen 2000.

d'Arcais, Paolo Flores: Libertärer Existententialismus. Zur Aktualität der Theorie von Hannah Arendt, Frankfurt a.M. 1993.

Arendt, Hannah/Blücher, Heinrich: Briefe 1936-1968, München 1996.

Arendt, Hannah: Der Kalte Krieg und der Westen, in: Dieselbe: In der Gegenwart, hrsg. v. Ursula Ludz, München 2000.

Arendt, Hannah: Die Lüge in der Politik, in: Dieselbe: In der Gegenwart, hrsg. v. Ursula Ludz, München 2000.

Arendt, Hannah: Die Ungarische Revolution und der totalitäre Imperialismus, in: Dieselbe: In der Gegenwart, hrsg. v. Ursula Ludz, München 2000.

Arendt, Hannah: Elemente und Ursprünge totaler Herrschaft, München 1986.

Arendt, Hannah: Europa und Amerika, in: Dieselbe: In der Gegenwart, hrsg. v. Ursula Ludz, München 2000.

Arendt, Hannah: Freiheit und Politik, in: Dieselbe: Zwischen Vergangenheit und Zukunft, hrsg. v. Ursula Ludz, München 1994.

Arendt, Hannah: Kultur und Politik, in: Dieselbe: Zwischen Vergangenheit und Zukunft, hrsg. v. Ursula Ludz, München 1994.

Arendt, Hannah: Macht und Gewalt, München 1970.

Arendt, Hannah: Über die Revolution, München 1974.

Arendt, Hannah: Vita Activa, München 2002.

Arendt, Hannah: Vom Leben des Geistes. Bd. 1 Das Denken, München 1993.

Arendt, Hannah: Menschen in finsteren Zeiten, München 1989.

Arendt, Hannah: Was ist Politik?, hrsg. v. Ursula Ludz, München 1993.

Arendt, Hannah: Ziviler Ungehorsam, in: Dieselbe: In der Gegenwart, hrsg. v. Ursula Ludz, München 2000.

Assy, Bethania: Hannah Arendt - An Ethics of Personal Responsibility, Frankfurt a.M., Berlin, Bern, Bruxelles, New York, Oxford, Wien 2008.

Auer, Dirk/Rensmann, Lars/Schulze Wessel, Julia (Hrsg.): Arendt und Adorno, Frankfurt a.M. 2003.

Becker, Hartmuth: Die Parlamentarismuskritik bei Carl Schmitt und Jürgen Habermas, Berlin 1994.

Bittermann, Klaus (Hrsg.): Eingriffe. Jahrbuch für gesellschaftskritische Umtriebe, Berlin 1988.

Bluhm, Harald: Hannah Arendt und das Problem der Kreativität politischen Handelns, in: Ders./Gebhardt, Jürgen (Hrsg.): Konzepte Politischen Handelns. Kreativität - Innovation - Praxen, Baden-Baden, 2001, S. 73-94

Bluhm, Harald: Handeln und Verantwortung. Hannah Arendts Konzept politischen Denkens, in: Graf Ballestrem, Karl/Gerhardt, Volker/Ottmann, Henning/Thompson, Martyn P.: Politisches Denken Jahrbuch 2001, S. 1-17.

Bluhm, Harald: Von Weimarer Existentialphilosophie zum Politischen Denken. Hannah Arendts Krisenkonzept und ihre Auffassung politischer Erfahrung, in: Winfried Thaa (Hrsg.): Die Entdeckung der Freiheit. Amerika im Denken Hannah Arendts, S. 69-92.

Böckenförde, Ernst-Wolfgang: Der Begriff des Politischen als Schlüssel zum staatsrechtlichen Werk Carl Schmitts, in: Quaritsch, Helmut (Hrsg.): Complexio Oppositorum. Über Carl Schmitt, Berlin 1988.

Bolz, Norbert: Auszug aus der entzauberten Welt. Philosophischer Extremismus zwischen den Weltkriegen, München 1991.

Bozzaro, Claudia: Hannah Arendt und die Banalität des Bösen, Freiburg 2007.

Brunkhorst, Hauke: Hannah Arendt, München 1999.

Canovan, Margaret: Arendt's theory of totalitarianism a reassessment, in: Villa (Hrsg.): The Cambridge Companion to Hannah Arendt, Cambridge, 2000, S. 25-43.

Canovan, Margaret: Hannah Arendt: A Reinterpretation of her Political Thought, Cambridge 1992.

Dubiel, Helmut: Ungewißheit und Politik, Frankfurt a.M. 1994.

Fanon, Frantz: Die Verdammten dieser Erde, Frankfurt a.M. 1966.

Friedrich, Carl Joachim/Brzezinski, Zbigniew K.: Totalitäre Diktatur, Stuttgart 1957.

Gaus, Günther: Interview mit Arendt, in: Bittermann, Klaus: Eingriffe, Berlin 1988.

Gross, Raphael: Carl Schmitt und die Juden, Frankfurt a.M. 2000.

Gunnell, John G.: The Descent of Political Theory. The Genealogie of an American Vocation, Chicago/ London 1993.

Habermas, Jürgen: Die Schrecken der Autonomie. Carl Schmitt auf Englisch, in: Ders..: Eine Art Schadensabwicklung, Frankfurt a.M. 1987.

Habermas, Jürgen: Hannah Arendt. Die Geschichte von den zwei Revolutionen, in: Ders..: Philosophisch-politische Profile, Frankfurt a.M. 1987.

Hansen, Philipp: Hannah Arendt. Politics, History and Citizenship, Cambridge/Oxford 1993.

Herberg-Rothe, Andreas: Hannah Arendt und Carl Schmitt – ‚Vermittlung' von Freund und Feind, in: Böckenförde, Ernst-Wolfgang u.a (Hrsg.): Der Staat. Zeitschrift für Staatslehre und Verfassungsgeschichte. Deutsches und europäische Verfassungsrecht, 43. Band, Berlin 2004.

Heuer, Wolfgang: Citizen: Persönliche Integrität und politisches Handeln. Eine Rekonstruktion des politischen Humanismus Hannah Arendts, Berlin 1992.

Hobsbawm, Eric J.: Hannah Arendt über die Revolution, in: Reif, Albert (Hrsg.): Hannah Arendt. Materialien zu ihrem Werk, Wien 1979.

Kalyvas, Andreas: From Act to Decision. Hannah Arendt and the Question of Decisionism, in: Political Theory, Vol. 32 No. 3, Thousand Oaks 2004.

Kallscheuer, Otto: Denken ohne Geländer. Hannah Arendts Wahrnehmung des Totalitarismus als Durchbruch zum politischen Denken, in: Grunenberg, Antonia (Hrsg.): Totalitäre Herrschaft und republikanische Demokratie. Fünfzig Jahre The Origins of Totalitarianism von Hannah Arendt, Frankfurt a.M./Berlin 2003.

Kateb, George: Political action: its nature and advantages, in: Villa (Hrsg.): The Cambridge Companion to Hannah Arendt, Cambridge, 2000, S. 113-129.

Kohn, Jerome: Freedom: the priority of the political, in: Villa (Hrsg.): The Cambridge Companion to Hannah Arendt, Cambridge, 2000, S. 130-150.

Kulla, Ralf: Revolutionärer Geist und republikanische Freiheit. Über die verdrängte Nähe von Hannah Arendt zu Rosa Luxemburg, Hannover 1999.

Lahrem, Stephan/Weißbach, Olaf: Grenzen des Politischen: Philosophische Grundlagen für ein neues politisches Denken, Stuttgart/Weimar 2000.

Magiera, Günter: Die Wiedergewinnung des Politischen. Hannah Arendts Auseinandersetzung mit Platon und Heidegger, Frankfurt a.M. 2007.

Mehring, Reinhard: Carl Schmitt zur Einführung, Hamburg 2001.

Meier, Heinrich: Carl Schmitt, Leo Strauss und „Der Begriff des Politischen", Stuttgart 1988.

Montesquieu, Charles-Luis de Secondat: Vom Geist der Gesetze, Bd. 1, hrsg. v. Ernst Forsthoff, Tübingen 1992.

Neumann, Franz: Behemoth. Struktur und Praxis des Nationalsozialismus 1933-1944, Frankfurt a.M. 1998.

Niggemeyer, Lars: Gesellschaft und Freiheit bei Hannah Arendt. Ein Vergleich mit Karl Marx, Köln 2008.

Nordmann, Ingeborg: Hannah Arendt, Frankfurt a.M./New York 1994.

Quaritsch, Helmut: Positionen und Begriffe Carl Schmitts, Berlin 1989.

Schmitt, Carl: Der Begriff des Politischen, Berlin 1963.

Schmitt, Carl: Der Leviathan in der Staatslehre des Thomas Hobbes, Köln 1982.

Schmitt, Carl: Der Wert des Staates und die Bedeutung des Einzelnen, Berlin 2004.

Schmitt, Carl : Die geistesgeschichtliche Lage des heutigen Parlamentarismus, Berlin 1991.

Schmitt, Carl: Legalität und Legitimität, Berlin 1968.

Schmitt, Carl: Nomos - Nahme - Name, in: Ders.: Staat, Großraum, Nomos. Arbeiten aus den Jahren 1916 - 1956, hrsg. v. Günter Maschke, Berlin 1995.

Schmitt, Carl: Politische Theologie, Berlin 1996.

Schmitt, Carl: Politische Theologie 2. Die Legende von der Erledigung jeder Politischen Theologie, Berlin 1990.

Schmitt, Carl: Römischer Katholizismus und politische Form, Stuttgart 1984.

Schmitt, Carl: Staat, Bewegung, Volk, Hamburg 1934.

Schmitt, Carl: Staat als konkreter, an eine geschichtliche Epoche gebundener Begriff (1941), in: Ders.: Verfassungsrechtliche Aufsätze, Berlin 1985.

Schmitt, Carl: Verfassungslehre, Berlin 1993.

Schönberger, Christoph: „Staatlich und Politisch". Der Begriff des Staates in Carl Schmitts *Begriff des Politischen,* in: Mehring, Reinhard: Der Begriff des Politischen. Ein kooperativer Kommentar, Berlin 2003.

Sontheimer, Kurt: Hannah Arendt: der Weg einer großen Denkerin, München 2005.

Ladwig, Bernd: „Die Unterscheidung von Freund und Feind als Kriterium des Politischen", in: Mehring, Reinhard: Der Begriff des Politischen. Ein kooperativer Kommentar, Berlin 2003.

Lahrem, Stephan/Weißbach, Olaf: Grenzen des Politischen: Philosophische Grundlagen für ein neues politisches Denken, Stuttgart/Weimar 2000.

Mommsen, Hans (Hrsg.): Herrschaftsalltag im Nationalsozialismus, Düsseldorf 1988.

Owens, Patricia: Between War and Politics. International Relations and the Thought of Hannah Arendt, Oxford 2007.

Probst, Lothar (Hrsg.): Die Entdeckung der Freiheit. Amerika im Denken Hannah Arendts, Berlin 2003.

Villa, Dana: Arendt and Heidegger. The Fate of the Political, Princeton 1996.

Villa, Dana: Introduction: the development of Arendt's political thought, in: Dies. (Hrsg.): The Cambridge Companion to Hannah Arendt, Cambridge, 2000, S. 1-24.

Vowinckel, Annette: Geschichtsbegriff und Historisches Denken bei Hannah Arendt, Köln/Weimar 2001.

Weber, Max: Politik als Beruf, Berlin 1982.

Young-Bruel, Elisabeth: Hannah Arendt. Leben und Werk, Frankfurt a.M. 1986.